SECCIÓN DE OBRAS DE HIS

CW00370110

FIDEICOMISO HISTORIA DE LAS A
*Serie Ensayos*

Coordinada por
ALICIA HERNÁNDEZ CHÁVEZ

*Coyunturas opuestas: la crisis
del siglo XVII en Europa e Hispanoamérica*

RUGGIERO ROMANO

# COYUNTURAS OPUESTAS: LA CRISIS DEL SIGLO XVII EN EUROPA E HISPANOAMÉRICA

EL COLEGIO DE MÉXICO
Fideicomiso Historia de las Américas
FONDO DE CULTURA ECONÓMICA
MÉXICO

Primera edición, 1993

ISBN 968-16-4248-1

Impreso en México/*Printed en Mexico*

# PRESENTACIÓN

EL FIDEICOMISO HISTORIA DE LAS AMÉRICAS nace de la idea y la convicción de que la mayor comprensión de nuestra historia nos permitirá pensarnos como una comunidad plural de americanos, al mismo tiempo unidos y diferenciados. La obsesión por definir y caracterizar las identidades nacionales nos ha hecho olvidar que la realidad es más vasta, que supera nuestras fronteras, en cuanto ella se inserta en procesos que engloban al mundo americano, primero, y a Occidente, después.

Recuperar la originalidad del mundo americano y su contribución a la historia universal es el objetivo que con optimismo intelectual trataremos de desarrollar a través de esta nueva serie que lleva precisamente el título de Historia de las Américas, valiéndonos de la preciosa colaboración de los estudiosos de nuestro país y del propio continente.

El Colegio de México promueve y encabeza este proyecto que fuera acogido por el Presidente de los Estados Unidos Mexicanos, Carlos Salinas de Gortari. Estamos convencidos de que la transformación económica que vive nuestro país y la región entera, debe verse acompañada de una transformación cultural semejante. Al estímulo del Gobierno Federal se sumó el entusiasmo del Fondo de Cultura Económica para la difusión de nuestras primeras series Ensayos y Estudios que hoy entregamos al público.

ALICIA HERNÁNDEZ CHÁVEZ
Presidenta
Fideicomiso Historia de las Américas

A
GIOVANNI BUSINO
*toto cum corde*

# PRÓLOGO

ESTE LIBRO TIENE una larga historia. Fruto de curiosidades que descienden primero en línea recta del pensamiento de Fernand Braudel (verificar cuánto se detiene la "prosperidad" del siglo xvi, lo que este autor demostró tan brillantemente en el contexto mediterráneo), y se orientan después, de manera autónoma y bajo más de un aspecto, opuesto al pensamiento braudeliano, hacia el estudio de la "crisis" del siglo xvii para finalmente desembocar en el estudio de la relación entre la "crisis" europea y la situación de América ibérica durante la misma época.

Las dos primeras preocupaciones habían dado lugar a los artículos citados en la nota 1 de la introducción y a un seminario que se llevó a cabo en lo que entonces era la Escuela Práctica de Altos Estudios (sección VI) durante el año académico 1960-1961. El último de los planteamientos (que constituye lo fundamental de este libro) se afinó durante una serie de seminarios que dirigí en la Universidad de Ginebra en 1984-1985.

Es larga la lista de mis deudas. En primerísimo lugar mis Maestros Fernand Braudel, Ernest Labrousse y Earl J. Hamilton. Ciertamente yo los he traicionado. Pero ellos no me guardarán rencor porque eran grandes maestros, del linaje de los que no muestran los caminos por seguir sino los caminos que hay que evitar.

Enseguida, los amigos americanos: Alberto Flores Galindo, Manuel Burga, Zacarías Moutoukias, Enrique Tandeter, Tulio Halperin Donghi (y otros que sin duda olvido). Los amigos italianos: Ugo Tucci, Clemente Ancona, Rosario Villari y algunos más. Los amigos franceses: ¿cómo olvidar al buen Jean Mauvret? Los holandeses Bernard Slicher Van Bath, N. W. Posthumus; los polacos: Marian Malowist, Antony Maczak, Bronislaw Geremek, Andrej Wirobisz, Witold Kula, Henrik Samsonovicz; los suizos: J. F. Bergier, A. M. Piuz; los alemanes Wilhelm Abel, Herman Kellenbenz; los ingleses Frank C. Spooner, Hugt Trevor Roper, Eric Hobsbawn. Ciertamente la lista está incompleta. Estos amigos y sus trabajos me han enseñado mucho. Y como siempre pasa al aprender, yo comprendí mal. Les agradezco, pues, sus enseñanzas y les presento mis disculpas por la deformación que de ellas haya hecho. Nicolás

Sánchez Albornoz, Maurice Aymard, Marcello Carmagnani, Fréderic Mauro, Horst Pietschmann, Thierry Saignes, Nathan Wachtel leyeron el manuscrito de este libro y me han hecho saber sus dudas. He tenido en cuenta buena parte de sus observaciones, no todas. No me esconderé, pues, tras su autoridad de conocedores para hallar ahí protección a mis errores. He querido nombrarlos para expresarles —incluso si estamos en desacuerdo sobre muchos puntos— todo mi amistoso reconocimiento.

Expreso aquí mi gran reconocimiento a Alicia Hernández Chávez que quiso acoger benévolamente estas páginas en la colección que dirige.

# A MODO DE INTRODUCCIÓN:
## LOS TÉRMINOS DEL PROBLEMA

A PARTIR DE LOS AÑOS cincuenta y durante más de 20 años no he cesado de apasionarme por la interpretación de una época decisiva más conocida con el calificativo de "crisis del siglo xvii".[1]

En forma paralela, la historiografía europea entablaba un amplio debate cuyos puntos esenciales se han recopilado en dos volúmenes;[2] los puntos esenciales mas no la totalidad, dado que estos dos volúmenes no abarcan ninguna de las importantes contribuciones eslavas (sobre todo polacas), checas o húngaras; además, desde su publicación en 1965 y 1978, se han sumado numerosos artículos y libros.[3]

¿Podremos hoy en día retomar la esencia de este debate?; pero, sobre todo, ¿vale la pena hacerlo?

Para responder a esta primera pregunta es preciso recordar algunas de las conclusiones a las que se llegó en aquel entonces.

---

[1] Mi interés por este problema queda de manifiesto en los siguientes artículos: "À Florence au xviie siècle. Industrie textile et conjoncture", en *Annales E.S.C.*, VI, 1952, pp. 508-512; "Tra xvi e xvii secolo. Una crisis economica: 1619-1622", en *Rivista Storica Italiana*, LXXIV, 1962 (trad. inglesa en G. Parker y L. M. Smith, comps., *The General Crisis of the Seventeenth Century*, Londres, 1978, pp. 165-225); "Encore la crise de 1619", en *Annales E.S.C.*, 1964, núm. 1, pp. 31-37; "Le déclin de Venise au xviie siècle" (en colaboración con F. Braudel, P. Jeannin y J. Meuvret), en *Aspetti e cause della decadenza veneziana nel secolo xvii*. Venecia, Roma, 1961, pp. 23-86; "L'Italia nella crisi del secolo xvii", en *Studi Storici*, IX, 1968, núm. 3-4, y en AA.VV., *Agricultura e sviluppo del capitalismo*, Roma, 1970, pp. 467-482 (trad. inglesa, en P. Earl, comp., *Essays in European Economic History*, Oxford, 1974, pp. 185-198). Este último ensayo se volvió a publicar en R. Romano, *Tra due crisi: l'Italia del Rinascimento*, Turín, 1971, mientras que los tres primeros fueron reimpresos en R. Romano, *L'Europa tra due crisi: xiv e xvii secolo*, Turín, 1989.

Ruego al lector que no considere estas autocitas como una forma de vanidad: para ser más claro, me parece justo que conozca mi posición en un debate que, en su tiempo, tuvo importancia, tanto más cuanto que con frecuencia tendré la ocasión de cuestionar mis trabajos precedentes.

[2]. Cf. T. Aston (comp.), *Crisis in Europe. 1560-1660*, Londres, 1965, y G. Parker y L. M. Sith (comps.), *op. cit.*

[3] Por ejemplo, cf. P. Kriedte, *Spätfeudalismus und Handelskapital. Grundlinien der Europäischen Wirtschaftsgeschichte vom 16. biz zum ausgang des 18. Jahrhunderts*, Gotinga, 1980, y J. de Vries, *The Economy of Europe in an Age of Crisis, 1600-1750*, Cambridge, 1976. Véase también A. D. Lublinskaya, *La crisis del siglo xvii y la sociedad del absolutismo*, Barcelona, 1979 (el original de este libro está en ruso); I. Wallerstein, *The Modern World-System*, Nueva York, 1974-1980 (este libro es una verdadera *summa* aunque me sea difícil aceptar todas las tesis). El último artículo, por orden de aparición, de Ch. P. Kindleberger me parece decepcionante, "The Economic Crisis of 1619 to 1622", en *The Journal of Economic History*, vol. 51, núm. 1, marzo de 1991.

Ante todo, se estableció un acuerdo en cuanto a que se advierte una crisis económica y política en toda la Europa central y occidental.

La política: el gran número de revueltas y revoluciones que sacuden a Europa, de Inglaterra a Nápoles; de Palermo a Fermo; de Francia a Turquía, etc., son signo evidente de esta crisis política que, por otra parte, algunos contemporáneos como Gian Battista Birago Avogadro o Maiolino Bisaccioni[4] (Venecia era en aquel entonces un buen observatorio político) veían con claridad.

La economía: los indicadores de que disponemos (de la demografía a los precios, de la producción "industrial" a las emisiones monetarias, pasando por el comercio) muestran en general una neta tendencia a la baja. Todo parece venirse abajo. Pero una vez planteado esto, tanto desde el punto de vista político como económico, nos quedan varias preguntas de las cuales dos de ellas me parecen capitales:

*a)* ¿cómo y por qué se entra en la crisis?, y sobre todo, ¿cómo se sale de ella? En otras palabras, si se toma en cuenta la geografía de los sistemas europeos entre principios del siglo xvii y comienzos del xviii, ¿encontramos diferencias?, y si así es, ¿de qué naturaleza son?;

*b)* según esto, cabe preguntarse si la crisis fue "general" tan sólo en el sentido geográfico de la palabra o lo fue también porque involucró a todo el mundo, sin distinción de grupos o de clases sociales y sin distinción de los sectores productivos. En otras palabras, por ejemplo, ¿en qué forma sufrió el campesino francés la crisis?, ¿con más o con menos intensidad que su señor? Dicho de otro modo, ¿a quién le ofreció la crisis más posibilidades y oportunidades?

Tratándose de estos dos puntos, el buen acuerdo que se puede observar en cuanto al "hecho" de la "generalidad" de la crisis, desaparece como por encanto. Es, pues, útil volver sobre este problema, preguntándonos ahora cuáles fueron sus orígenes, sus causas y el momento exacto en que se desencadenó la crisis.

El problema de la fecha es muy importante, no para ganar unos años más de prosperidad o para demostrar ante algunos colegas que tenemos la razón, sino para destacar los primeros síntomas reveladores del malestar general.

La fecha generalmente admitida es 1640-1650. Yo prefiero 1619-

---

[4] G. B. Birago Avogadro, *Delle historie memorabili che contiene la sollevazioni di Stato de'nostri tempi*, Venecia, 1653; M. Bisaccioni, *Historia delle guerre civili questi ultimi tempi*, Venecia, 1653, y cf. en G. Parker y L. M. Smith (comps.), *op. cit.*, p. 5, el hermoso mapa que ofrece las zonas de guerra y de revueltas en Europa durante el siglo xvii.

1622. Mi desacuerdo ante la fecha 1640-1650 se basa en dos consideraciones:

*a)* la primera es cuestión de "punto de vista". Con esto entiendo que aun cuando solamente alrededor de 1640-1650 se dieron ciertos fenómenos en los cuales se observó un cambio neto de tendencia, esto no significa gran cosa. En los periodos de larga duración no es la cresta de la curva la que debe llamar la atención, sino el momento en que la curva comienza a manifestar una desaceleración. Incluso después de una desaceleración puede seguir subiendo; pero lo que cuenta es el momento a partir del cual el motor se frena;[5]

*b)* además, y he aquí el punto fundamental, si escogemos 1640-1650, nos cortamos toda posibilidad de indicar el origen, la causa, las causas de esta crisis. Si tomamos la fecha de 1640-1650, la crisis ya está ahí "consumada": se puede constatar, mas no explicar.

Por lo contrario, la fecha 1619-1622 nos permite una cierta explicación de conjunto que se articularía de la siguiente manera:

*a)* en el conjunto europeo, el siglo XVI se caracterizó por un crecimiento económico general, producto sobre todo de la expansión agrícola, ya que ésta permitió el impulso comercial e industrial y sostuvo su largo desarrollo;

*b)* a partir del último decenio del siglo XVI, empieza a faltar este soporte agrícola en los sectores comercial e industrial, mismos que se mantendrán todavía durante dos decenios, pero que perderán toda su *fuerza de aceleración* después de 1620. Aún podrán "subir", *pero sin que esta "subida" se sustente todavía en una verdadera fuerza de propulsión.*

En suma, pienso que a partir de esta crisis de 1619-1622, corta pero devastadora, aparecen ciertos fenómenos con toda claridad: primero, la crisis estructural de la agricultura a partir de fines del siglo XVI, sobre la cual se insertan las crisis cortas de 1609 a 1613, y después la de 1619 a 1622, que fue fundamental. Se trata de un juego de acción y reacción dado que la crisis estructural de la agricultura hace que las crisis cíclicas

---

[5] Aunque no cuento con una prueba concreta que sustente mis opiniones *creo* que la preferencia por 1640-1650 proviene de que se ha razonado mucho a partir de los precios (fuente disponible en numerosos volúmenes), y sobre todo de los precios expresados en gramos de plata y de oro, olvidando que los precios en gramos de metal precioso proporcionan información sobre las reservas metálicas disponibles y escamotean los factores fundamentales: población y producción. A este respecto, cf. el gran artículo de L. Einaudi, "Dei criteri informatori della storia dei prezzi. Questi devono essere espressi in peso d'argento o d'oro o negli idoli usati dagli uomini?", en *Rivista di Storia Economica*, V, 1940, reproducido después en R. Romano (comp.), *I prezzi in Europa dal XIII secolo a oggi*, Turín, 1967, pp. 505-517.

sean más graves; éstas, a su vez, actúan sobre la estructura agraria que, todavía más debilitada, ejerce una influencia aún más pesada sobre la crisis coyuntural siguiente.

En resumen, la crisis de 1619-1622 no es más que la hora de la verdad durante la cual estallan todas las contradicciones y debilidades que se habían acumulado durante más de 30 años. Nada más ni nada menos. Y nunca he dicho nada de más ni nada de menos.[6]

Así pues, la agricultura me parece que es el punto central para comprender la crisis del siglo XVII así como la expansión del XVI.

Hablemos simple y llanamente. ¿Será posible que hoy en día todavía se crea que las sociedades preindustriales encuentran su motor económico en actividades comerciales, bancarias e "industriales"? Si esto fuera cierto se habría resuelto una buena parte de los problemas actuales de subdesarrollo.

El hecho fundamental es que estas economías encuentran su verdadero punto de fuerza *únicamente* en la agricultura. Parafraseando a Colbert, podemos decir a este respecto que "cuando la agricultura funciona, todo funciona..." Si bien el oro, la plata, la banca, las galeras y el comercio desempeñan sin duda su propio papel, la agricultura es la que da la pauta. Sin renegar del pensamiento de los maestros de mi juventud, confieso que prefiero el de W. Abel, el de B. H. Slicher van Bath o el de P. Bairoch.

Después de esta breve justificación de las razones por las que tomo una opción (por supuesto más adelante volveré al tema), podemos tratar de retomar algunos de los puntos que quedaron en suspenso; en primer lugar, la extensión geográfica de esta crisis "general". ¿Podremos decir verdaderamente que se dio en *toda* Europa, y con la misma fuerza?

---

[6] Confieso que no comprendo (o quizá comprendo muy bien) las reservas de la señora Lublinskaya, *op. cit.*, p. 102: "en lo que se refiere al punto principal de la concepción de R）mano, es decir, la prioridad del desarrollo de la agricultura en comparación con el desarrollo de la industria, no podemos admitirlo. La cuna del capitalismo fue precisamente la industria, que a su vez atrajo hacia sí, en mayor o menor medida, la esfera agraria" [!]. Lo único que puedo hacer es añadir, entre corchetes, un signo de admiración y remitir a la señora Lublinskaya a la lectura, por ejemplo, de W. Abel, *Agrarpolitick*, Gotinga, 1967, y sobre todo de P. Bairoch, *Révolution industrielle et sous-développemenmt*, París, *passim*, pero en especial las pp. 71-113.

Del mismo horizonte ideológico que el de la señora Lublinskaya me llega otra crítica: J. V. Polisensky (*Trícecletá valka a europeské krize XVII stoleti*, Praga, 1970), que dice que "poner juntos, como lo hace Ruggiero Romano en su ensayo, un estudio de los precios agrícolas con conclusiones de largo alcance que se refieren a toda Europa, es una manera de proceder muy arriesgada" (cito a partir de la edición de Turín, 1982, p. 8). Pues bien, jamás he afirmado algo semejante; por lo contrario, siempre he dicho que los precios no son un canon de interpretación de un valor absoluto (cf. la nota 5 más arriba).

En lo que se refiere a la extensión espacial, hay dos países, Inglaterra y Holanda, que de manera diferente, por supuesto, logran defenderse de la crisis e incluso sobreponerse a ella. El resto del continente, a pesar de los contrastes que existen entre un país y otro (incluso entre una región y otra de cada país), no escapa de los destrozos de este inmenso ciclón. Al final de la crisis, digamos hacia 1720-1740, el mapa económico de Europa resultará profundamente cambiado en comparación con el del siglo XVI.

¿Y qué sucede con el mapa político? En este caso también podemos dibujar una geografía diferencial. La "solución" de las diversas crisis políticas no fue la misma en cada uno de los países europeos; por ejemplo, los cambios políticos ingleses sobre todo, llevaron a formas de "liberación" (no hablemos de democracia), mientras que en el resto de Europa, la capa de opresión se hizo más pesada (excepto quizá Francia y Suecia que es donde se dieron posiciones intermedias).

¿Pero qué significan exactamente palabras como "liberación" y "opresión"? Sencillamente una mayor o menor limitación de las ofensivas feudales que encontramos por todas partes. En efecto, Europa entera (con excepción, repito, de Inglaterra y los Países Bajos) sufrió durante el siglo XVII un fenómeno de "refeudalización" aun cuando su fuerza fuera diferente de un espacio al otro.

La palabra "refeudalización" ha sido fuertemente criticada;[7] pero estas críticas me parecen más de orden ideológico (y en algunos casos de franca obediencia política) que reales. Refeudalización no presupone en absoluto un periodo precedente de desfeudalización, aun cuando el siglo XVI presente, sin duda alguna, por todas partes, ciertos síntomas de desfeudalización. Refeudalización significa sencillamente un refuerzo de la presión de los señores sobre las clases subalternas. Si la expresión de "refeudalización" molesta, démosle preferencia a la de "reacción señorial". ¿Simple cuestión terminológica o quizá tercie en ella la misma diferencia establecida entre "refeudalización" y "ofensiva de los poderosos"?[8]

Permítaseme hacer un paréntesis. Fernand Braudel, en la primera edi-

[7] Cf. las consideraciones de M. Gukowski y de V. Rutenburg en AA. VV., *Problemy sovetsko-italjanskoj istoriografii. Materialy sovetsko-italjanskoj konferentsii istorikov*, 12-14 de octubre, 1964; Moscú, 1966, pp. 320-323 y 358-360, y A. De Maddalena, "Vespri e mattutino in una società preindustriale", en *Rivista Storica Italiana*, XCIII, 1981, núm. 3. Agradezco a De Maddalena el haber reconocido que empleo la palabra "refeudalización" de una manera muy "peculiar" (p. 593, n. 12).

[8] La expresión es de J. Jacquart, y aparece en su contribución a P. Léon (comp.), *Histoire économique et sociale du monde*, París, 1978, vol. 2, p. 389.

ción de su gran libro sobre el Mediterráneo, titulaba el segundo párrafo del capítulo vi de la Segunda Parte "¿Una reacción señorial?" En la segunda edición, de 1966, los signos de interrogación desaparecen. ¿Qué significaba para Fernand Braudel "reacción señorial"? Esencialmente, la otra cara de lo que él llamaba en el primer párrafo "el fracaso de la burguesía". Pues bien, algo más interesante todavía es que si en la primera edición "el fracaso de la burguesía" precedía a la "reacción señorial" (y me parece que en el sentido de que el primero había permitido la segunda), en las ediciones siguientes, la "reacción señorial" aparece sin el signo de interrogación y precede al "fracaso de la burguesía", lo cual indica que la iniciativa de la reacción es la que conduce a este fracaso.

Esta cuestión terminológica y de precedencia nos lleva directamente al último punto que me parece el más importante.

Insistir en el carácter "general" de la crisis nos ha llevado a creer que todo el cuerpo social de los diferentes países se vio afectado por esta crisis. Pues bien, me parece que esto no es verdad y que hay que plantear con insistencia esta pregunta: ¿cuáles fueron los grupos que sufrieron más con la crisis?

Ahora no voy a contestar, pero creo que nos introduce verdaderamente al meollo del tema de estas páginas. Más allá de la "generalidad" de la crisis del siglo xvii, se plantea el problema, no resuelto en buena parte, de saber si esta última pudo crear oportunidades para algunos grupos sociales. Hablo de grupos o de clases y dejo de lado los hechos y las gestas de algunos individuos. Guerras, hambrunas, pestes y crisis de todo tipo son la ocasión para el enriquecimiento de gente de pocos escrúpulos o de mejor iniciativa (depende desde qué punto de vista se vea). Basta con mirar a nuestro alrededor, durante la reciente crisis de los últimos años, para ver impresionantes fenómenos de acumulación de riquezas individuales. También aquí la verdadera cuestión es saber si durante "nuestra" crisis grupos emergentes, oficios y profesiones resistieron mejor que otros.

La pregunta se plantea en los mismos términos cuando se trata del siglo xvii. Añadamos que estos problemas de "situación" y de "condición" se pueden enfocar desde una doble perspectiva. Demos un ejemplo: la historiografía italiana habla mucho del *ritorno alla terra* cuando se refiere al siglo xvii. Por esto se entendía que los grupos de comerciantes y los empresarios de la sociedad italiana habían abandonado sus antiguas actividades de *beneficio* para invertir en la tierra y vivir de la *renta*. Dejemos a un lado las numerosas dudas que podamos tener (y que de hecho yo tengo) sobre esas "inversiones". Pero lo que esta historiografía percibió como un "retorno a la tierra", es decir, como un movimiento de la ciudad hacia el campo, en la realidad histórica los campesinos (que salvo que se demuestre lo contrario significan mucho en los asuntos de la tierra) lo sintieron como un *retorno de los señores*.[9] Evidentemente, no se trata de descender a la psicología de las profundidades, sino simplemente de recordar que en muchas ocasiones un mismo fenómeno tiene dos caras y que es preciso ver lo más exactamente posible quién sufre las consecuencias y, en este caso específico, cómo se distribuyó el peso de la crisis.

Pero plantear así el problema nos lleva a decir, o a tratar de decir, lo que se entiende por "crisis". No se trata de construir un modelo, palabra de la que tanto se abusa, sino todo lo contrario. La primera observación será que las crisis largas de las sociedades preindustriales nunca son iguales. Quizá algunos elementos permanecen constantes (por ejemplo, la débil participación de los capitales fijos en la producción "industrial"), pero los movimientos de conjunto de las diferentes crisis también varían. Así, podemos notar que las guerras, en particular la de Treinta Años, han desempeñado un papel importante.[10] Se puede, se debe, pues, decir respecto de las crisis lo que Joseph Schumpeter decía respecto de los ciclos: "no son, como las amígdalas, cosas que se puedan tratar por separado, sino que son, como el latido del corazón, esenciales para el organismo que las presenta".[11] Es, pues, un problema de especificidad, y ésta nos permite decir que, sin duda, la crisis del XVII se consumó sobre una mayor concentración del poder económico y sobre una insuficiente recomposición de los vínculos, fuertemente relajados, entre Estado y sociedad.

Durante estos últimos años he releído, si no toda la literatura acumulada durante más de 30 años sobre la "crisis general", sí una gran parte de ella. Esta lectura vuelve a adquirir importancia para mí después de 10 años durante los cuales prácticamente me desentendí de este asunto; pero en realidad, gracias a este alejamiento, comprendí que la

---

[9] La fina observación es de S. Worms, "Il problema della 'decadenza' italiana nella recente storiografia", en *Clio*, XI, 1975, p. 112.

[10] Diríase que los historiadores se han dejado llevar, en la sobrevaluación de las consecuencias de la Guerra de Treinta Años, por la lectura de la obra de Brecht, *Madre Coraje*, o por las dos grandes novelas de Von Grimmelhausen: *Lebensberbeschreibung der Erzbertrügen und Landstörzerin Courasche* y *Abentheurlicher Simplisissimus*. Como correctivo, cf, el lindo ensayo de R. Ergang, *The Myth of the All-Destructive Fury of the Thirty Year's War*, Pocono Pines, Filadelfia, 1956.

[11] J. A. Schumpeter, *Business Cycles*, Nueva York, Londres, 1939, vol. I, p. v, que nos hace recordar la imagen de Pigou para quien todos los ciclos pertenecen a la misma familia, pero una familia en la que nunca aparecen gemelos.

verdadera razón de un gran número de polémicas y de incomprensiones nos conduce a un hecho bastante banal. Todos hablan de la crisis sin antes definir lo que entienden por ella. Sobre todo, unos hablan de crisis política y otros de crisis económica.

Ahora bien, para evitar cualquier equívoco, abiertamente digo que no abordaré lo político (o lo haré tan sólo de pasada para ver las relaciones que existen entre mi explicación económica y lo político) y trataré esencialmente lo referente a lo económico. ¿Qué decir en este planteamiento económico?

Hagamos a un lado los esquemas interpretativos de hoy, o si queremos conservarlos, considerémoslos únicamente como formas encasilladas de interpretación, y volvamos a los clásicos.

¿Qué nos dicen los clásicos sobre las crisis de la época preindustrial? Que los dos principales componentes son la población (el número de hombres) y los bienes disponibles (en particular, por no decir exclusivamente, los agrícolas). Si la población aumenta y rebasa los recursos alimenticios, hay crisis. Sé muy bien que habría que tomar en cuenta otros factores: biológicos, políticos, administrativos, de higiene, etc.,[12] y no me dejaré encerrar en un malthusianismo burdo; pero puesto que éste existe es preciso tomarlo en cuenta. Si por malthusianismo entendemos el esquema puro y simple que resume las teorías del "rendimiento decreciente de la tierra", del "poder creciente de compra de los salarios" y del "movimiento contrario de la renta de las tierras y de los salarios", no hay duda de que ante esta manera de ver las cosas debemos mostrarnos escépticos. Sin embargo, es preciso recordar la advertencia de Wilhelm Abel, quien a pesar de que siempre se mostró reacio respecto de Malthus reconoce que:

> ...las teorías del "rendimiento decreciente de la tierra", del "poder creciente de compra de los salarios" y del "movimiento contrario de la renta de las tierras y de los salarios", en una época no estaban lejos de la realidad y nos parece, pues, que el historiador de la economía se priva de instrumentos fundamentales de conocimiento al no tomarlos en cuenta.[13]

Examinemos primero la evolución de la población y de la producción de bienes alimenticios.

[12] A este respecto, cf. E. Boserup. *Évolution agraire et pression démographique*, París, 1970, p. 12.

[13] W. Abel, *Agrarkrisen und Agrarkonjunktur. Eine Geschichte der Land-und-Ernährungswirtschaft Mitteleuropas seit hohen Mittelalter*, Hamburgo, Berlín, 1966 p. 189. Y cf. también el hermosísimo ensayo de E. A. Wrigley, "Un modèle économique pré-industriel", en A. Fauve-Chamoux (comp.), *Malthus hier et aujourd'hui*, París, 1984, pp. 199-207.

En cuanto a la población, quisiera indicar aquí un solo elemento. Un cálculo burdo (volveré a ello con más detalle en el capítulo I) nos indica las cifras siguientes para el conjunto de Europa:

| Año | Europa (comprendida Europa oriental) | Europa (sin contar Europa oriental) |
|---|---|---|
| 1500 | 80 900 000 | 59 800 |
| 1600 | 102 000 000 | 75 900 |
| 1700 | 115 000 000 | 82 800 |
| 1800 | 175 700 000 | 118 900 |

Ahora bien, de un siglo a otro estas cifras nos dan las tasas de crecimiento siguientes:

| Año | Europa (comprendida Europa oriental) | Europa (sin contar Europa oriental) |
|---|---|---|
| De 1500 a 1600 | + 26% | + 27% |
| De 1600 a 1700 | + 12% | + 9% |
| De 1700 a 1800 | + 53% | + 43% |

El débil crecimiento del siglo XVII en la transición de 1600 a 1700 aparece en forma clara (con más razón si consideramos que una gran parte de ese 9% de "crecimiento" se concentró en Inglaterra, en los Países Bajos, en Flandes meridional y en los países escandinavos).

¿Y la agricultura? Tomemos como punto de partida el artículo fundamental de B. H. Slicher van Bath.[14] Deduciremos que, sin lugar a la menor duda, hubo una contracción de las superficies cultivadas (con excepción del caso holandés). Cierto es que una disminución de las superficies se puede compensar con un aumento de los factores de rendimiento. Sin embargo, éstos registran un elevado porcentaje de retroceso durante todo el periodo comprendido entre 1600 y 1700.[15]

¿Otros síntomas? Se dan un poco por todas partes; entre 1650 y 1750

[14] B. H. Slicher van Bath, "Les problèmes fondamentaux de la société pré-industrielle en Europe occidentale. Une orientation et un programme", en *Afdeling Agrarische Geschiedenis Bijdragen*, núm. 12, 1965, pp. 5-46.
[15] B. H. Slicher van Bath, "Yeld Ratios, 810-1820", en *Afdeling Agrarische Geschiedenis Bijdragen*, núm. 10, 1963.

hay un deslizamiento de los cultivos cerealeros hacia la ganadería y en esa misma época hay una transformación de tierras de cultivo cerealero en viñedos, dado que en tiempo de crisis el vino era más rentable que el trigo.

Pero para completar, sería preciso reproducir el "esquema de las circunstancias que acompañaron a los periodos de expansión y de contracción agrícolas" que estableció B. H. Slicher van Bath, según se ve más adelante. ¿Cuáles son los periodos de contracción agrícola que nos indica? Los siglos IX-X, de principios del siglo XIV a fines del XV, y de "1600 a 1650 a 1750".[16]

¿Otros testimonios? Tomemos ahora a Wilhelm Abel que es todavía más categórico: "A principios del siglo XVII, la expansión secular de la agricultura se interrumpe bruscamente".[17]

Agricultura y población, pues. Y aquí tenemos el derecho de plantear una pregunta. Suponiendo que aceptamos este juego de interacción de estos dos factores, ¿cuál de los dos empezó a actuar primero? Responder de una manera categórica a favor del uno o del otro sería un craso error. De todas maneras, antes de proseguir, es preciso recordar un factor fundamental: las epidemias.

¿Cómo calificarlas?, ¿como accidentes? No lo creo. Estas epidemias (que, precisando, no siempre son peste en el sentido técnico de la palabra) no acontecen por casualidad. Las poblaciones biológicamente debilitadas por una alimentación insuficiente, que viven en condiciones higiénicas deterioradas, son presa fácil de las epidemias. Pero aun en este caso, la relación no es lineal: una hambruna es sin duda terreno propicio para que se desate una epidemia, pero ésta, a su vez, crea condiciones favorables para una nueva hambruna, no sólo por las pérdidas humanas sino por el desajuste general que introduce en la circulación de los hombres y las mercancías. La repetición de estas concatenaciones menores (hambruna ⟶ epidemia ⟶ hambruna) da como resultado grandes crisis de "peste". Quizá todo esto, expuesto de una manera rápida, es demasiado categórico, pero volveré a ello con más detalle en el primer capítulo.

La gráfica pacientemente elaborada por Jean-Noël Biraben (gráfica 1) me parece bastante clara: la peste, esa "enfermedad furiosa, tempestuosa, monstruosa, espantosa, horrorosa, terrible, feroz y traidora", como la definía Ambroise Paré, en el siglo XVII muestra un aspecto terrible. Ha azota-

---

16 B. H. Slicher van Bath, "Les problèmes…", *art. cit.*, p. 38.
17 W. Abel, *Agrarkrisen…, op. cit.*, p. 142.

GRÁFICA 1. *Lugares azotados por la peste en la región
norte-occidental de Europa entre 1347 y 1800
(Europa con excepción de los Balcanes, Ukrania,
el bajo Volga y el Cáucaso).*

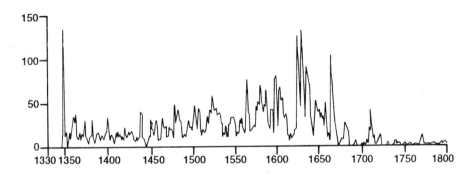

FUENTE: J. N. Biraben, *Les hommes et la peste en France et dans les pays européens et
méditerranéens,* I, "La peste dans l'histoire", París-La Haya, 1975, p. 124.

do en varias ocasiones y con fuerza. No quisiera que me hicieran decir
que introduzco la peste como origen de la crisis del siglo XVII (¡fui uno de
los primeros en reaccionar hace más de 40 años contra la concepción
de que la peste de 1348-1350 fue el motor de la crisis del XIV!). Pero me
parece que no está a discusión que sí constituye un síntoma de las dificultades demográficas y que algo tiene que ver con la crisis de la agricultura.

Por otra parte, las condiciones generales de la economía influyen
también, indirectamente, en la demografía; así, por ejemplo, la crisis económica condujo a que la gente se casara a edades más avanzadas, lo que
naturalmente, se tradujo en una disminución de los nacimientos.[18]

*Quod scripsi, scripsi.* Y para terminar la primera parte de estas páginas introductorias, me permito retomar las conclusiones a las que lle-
gué en 1963:

*a)* el siglo XVI (que verdaderamente comenzó en los años ochenta del
*Quattrocento*) estuvo marcado, dentro del conjunto europeo, por un desarrollo económico general producto de la expansión agrícola que permitió
el impulso comercial e industrial y que sostuvo su prolongado desarrollo;

[18] Cf. J. de Vries, *op. cit.,* pp. 9-10.

*b)* después de 1600, los sectores comercial e industrial empiezan a carecer del apoyo de la agricultura. Se mantendrán todavía durante dos decenios, pero perderán toda su fuerza de aceleración después de 1620;

*c)* el siglo XVII se caracteriza por un estancamiento que afecta a la economía en su conjunto, excepto en Holanda e Inglaterra.[19]

Estas palabras, escritas en 1963, sigo manteniéndolas. Trataré de volverlas a desarrollar a la luz de lo que la historiografía nos ha aportado desde hace más de un cuarto de siglo.

Al principio de estas páginas me pregunté si valdría la pena retomar el debate sobre la crisis del XVII. Me respondí afirmativamente, a la luz de lo que podía sugerir la situación *interna* de Europa.

Pero pienso que existe otra razón para volver al debate: verlo en relación con lo que sucede en Iberoamérica.

¿Qué sabemos de eso? Poco y mucho. En 1969, John Lynch[20] fue el primero en plantear el problema de manera correcta, aun cuando lo hizo con prudencia y como exponiendo una duda que lo asaltaba. Se preguntaba sobre la *transmisión* de la crisis europea a América. Después, J. I. Israel[21] demostró la resistencia de la economía mexicana en diferentes niveles e insistió en los aspectos políticos (de política interna mexicana) de la crisis. Por último, en 1981, Herbert Klein y John TePaske[22] demostraron por lo menos dos puntos básicos: la actividad minera mexicana durante el siglo XVII se mantuvo en niveles superiores a los máximos alcanzados a fines del XVI y una parte de este volumen

---

[19] R. Romano, "Encore la crise...," *op. cit.,* p. 32.

[20] *Spain under the Habsburgs,* vol. II: *Spain and America, 1598-1700,* Oxford, 1969, en especial p. 212. Conviene aquí recordar un artículo, de problemática muy fina, de N. Sánchez Albornoz, "América y la economía europea postrenacentista", en *Anuario del Instituto de Investigaciones Históricas de la Universidad del Litoral,* núm. 2, 1957, pp. 165-174, y el ensayo de G. Céspedes del Castillo, "Las Indias en el siglo XVII", en J. Vicens Vives, *Historia de España y América,* vol. III, Barcelona, 1972, pp. 439-535.

[21] J. I. Israel, "México y la 'crisis general' del siglo XVII", en E. Florescano (comp.), *Ensayos sobre el desarrollo económico de México y América Latina (1500-1975),* México, pp. 128-153, y del mismo autor, *Razas, clases sociales y vida política en el México colonial. 1610-1670,* México, 1980.

[22] "The Seventeenth Century Crisis in New Spain: Myth or Reality?", en *Past & Present,* núm. 90, febrero de 1981, pp. 116-135. Y cf. también el debate que siguió a este primer artículo, con la participación de H. Kamen, J. I. Israel, J. J. TePaske y H. S. Klein, en *Past & Present,* núm. 97, noviembre de 1982, y el artículo de H. S. Klein, "Últimas tendencias en el estudio de la hacienda colonial hispanoamericana", en *Papeles de Economía Española,* vol. 20, 1984, pp. 39-48. Esta lista estaría incompleta si no señalamos por lo menos el importante libro de B. Slicher van Bath, *Spaans Amerika omstreeks 1600,* Utrecht, Antwerpen, 1979, y el artículo de R. Boyer, "Mexico in the Seventeenth Century: Transitions of a Colonial Society", en *Hispanic American Historical Review,* vol. 57, 1977, núm. 3, pp. 459-478.

de plata, por diferentes razones sobre las que hablaré más adelante, permaneció en México.

Por encima de esta bibliografía limitada, pero importante, está el pequeño libro de Woodrow Borah, *New Spain's Century of Depression,* cuya tesis está expuesta en forma clara desde la introducción: "Indicaré en qué forma, desde 1570 hasta un siglo más tarde, la Nueva España padeció una economía contraída".[23] Los argumentos que expone Woodrow Borah son numerosos y aunque no se apoyen en una documentación irreprochable, son hasta cierto punto convincentes. P. J. Bakewell, en su importante introducción a la traducción española de la obra de W. Borah, lo demuestra claramente y proporciona una clave de lectura muy original.

Ante todo, la palabra "depresión" empleada por W. Borah para el caso de México quiere decir esencialmente la "disminución de la producción agrícola total ocasionada por la rápida e indiscutible disminución de la población indígena".[24]

Sin duda alguna, la caída de la población mexicana fue rápida y brutal: cae de 11 000 000 de habitantes en 1520 a 1 500 000 hacia 1650, pero vuelve a aumentar a partir de ese momento, o muy probablemente antes, para alcanzar los 2 000 000 en 1700.[25] Por supuesto, W. Borah ofrece otros argumentos, pero menos convincentes. Así, destaca la suspensión de las construcciones religiosas de México hacia fines del siglo XVI basándose en los excelentes trabajos de G. Kubler.[26] Pero esta interrupción me parece normal, pues ante la enorme caída de la población, el gran proyecto de creación de una infraestructura religiosa (conventos, iglesias, capillas, etc.) queda terminado 80 años después de la Conquista; ¿por qué, pues, seguir construyendo?

Nótese que, por otra parte, se continuará la construcción de las iglesias durante el siglo XVII y sobre todo se enriquecerán las ya existentes con cuadros, grandes retablos, etcétera.

En resumen, esta "depresión" mexicana, que estoy seguro se puede

[23] W. Borah, *El siglo de la depresión en Nueva España,* México. 1975, con una presentación de P. J. Bakewel y un apéndice de L. B. Simpson. Salvo que se indique lo contrario, citaré el libro de W. Borah a partir de la edición mexicana corregida y aumentada con relación a la edición en lengua inglesa. Para actualizar las tesis de W. Borah, consúltese ahora el espléndido artículo de J. C. Chiaramonte, "En torno a la recuperación económica novohispana durante el siglo XVII", en *Historia Mexicana,* XXX, 1981, núm. 4, en especial las pp. 568-572.

[24] P. J. Bakewel, presentación en W. Borah, *El siglo..., op. cit.,* p. 16.

[25] W. Borah, *El siglo..., op. cit.,* p. 39.

[26] Cf. en especial a G. Kubler, *Mexican Architecture of the Sixteenth Century,* New Haven, 1948. [Hay trad. al español del FCE.]

extrapolar a todo el continente, se refiere esencialmente al aspecto demográfico y cubre el periodo de 1570 (incluso desde el momento mismo de la Conquista en 1519) hasta 1650 (o 1630), y no coincide en absoluto con la "crisis general" europea del siglo xvii.

Más recientemente, este concepto de "crisis" del xvii aparece en diversos trabajos relativos a América. En un aspecto general, Tibor Wittman intervino con un artículo importante, pero que desgraciadamente no está a la altura de la producción de este gran historiador.[27] Josep Fontana ha escrito páginas luminosas[28] a las que siguieron estudios más precisos como los de Luis Miguel Glave[29] y Miriam Salas de Coloma,[30] sin hablar de que en lo sucesivo este problema de la "crisis" subyace en diversos estudios aun cuando la palabra no aparezca en el título. Pero no todo es positivo, pues ya se puede percibir un abuso de la palabra y del concepto, por ejemplo, en los trabajos de A. Carabarin García[31] o de K. J. Andrien.[32]

Yo también tengo que reconocer mi culpa. En 1962, en un artículo,[33] expresé con demasiada facilidad (y el hecho de que otros se hayan equivocado de la misma manera no me tranquiliza) que la crisis europea se había transmitido con rapidez al continente americano.

Pues bien, esto es cierto y falso a la vez. Cierto, si tomamos, por ejemplo, las construcciones gráficas de H. y P. Chaunu, pues vemos que no existen dudas en cuanto a que el comercio entre Sevilla y la América española baja considerablemente durante la primera mitad del siglo xvii, y a esto mismo nos conduce la gráfica clásica de E. J. Hamilton respecto del arribo de metales preciosos a España. Me parecían, injustamente, dos puntos fuertes para la determinación de la crisis americana. Ahora bien, las grandes correcciones que se han aportado recientemente[34] modifican este punto de vista.

[27] T. Wittman, "La crisis europea del siglo xvii e Hispanoamérica", en *Anuario de Estudios Americanos*, 1971, pp. 25-44.

[28] J. Fontana, "Introducción" a J. Fontana (comp.), *La economía española al final del Antiguo Régimen*, vol. III: *Comercio y colonias*, Madrid, 1982.

[29] L. M. Glave, "El virreinato peruano en la llamada 'crisis general' del siglo xvii", en H. Bonilla (comp.). *La crisis económicas en la historia del Perú*, Lima, 1986.

[30] M. Salas de Coloma, "Crisis en desfase en el centro-sur-este del virreinato peruano: minería y manufactura textil", en H. Bonilla, *La crisis...*, *op. cit.*

[31] A Carabarín, "Las crisis de Puebla en los siglos xvii y xviii. Algunos lineamientos", en Actas del *XI International Congress of the Latin American Studies Association*, Puebla, 1983, pp. 1-9.

[32] K. J. Andrien, *Crisis and Decline; The viceroyalty of Peru in Seventeenth Century*, Albuquerque, 1985. A pesar de que el concepto de "crisis" está un poco en el aire, esta obra proporciona muchos conocimientos sobre el siglo xvii peruano.

[33] R. Romano, "Tra xvi e xvii secolo...", *art. cit.*

[34] Cf. M. Morineau, *Incroyables gazettes et fabuleux métaux*, París, 1985.

Pero el problema va más allá de este primer hecho. Admitamos que Hamilton o los Chaunu están en lo cierto; pero su verdad se refiere a situaciones españolas o europeas mas no a situaciones americanas. El gran comercio internacional afecta a ciertos grupos sociales muy limitados en número, pues la gran masa de la población americana no participa de esta actividad. De la misma manera, las cantidades de metales preciosos que llegan a España y a Europa no son precisamente asunto que interese a los "americanos"; lo que les interesa son las cantidades que *se quedan* en América.

Confieso, pues, que si me equivoqué a partir de las gráficas "falsas", mi más grave error fue darle un valor "americano" a fenómenos que no incumbían a Iberoamérica. Para abarcarla, es preciso, por supuesto, estudiar precios y monedas, comercio e "industria"; pero sobre todo es importante tratar de saber lo que sucede en el nivel de estos dos grandes componentes: agricultura y población.

En otras palabras, ¿aumenta o no la población indígena (es decir, la gran masa de población)? ¿Existe o no una mayor disponibilidad de bienes para esta población?, y por último, ¿se manifiestan síntomas de liberación entre las masas, por tímidos que éstos sean?

En resumen, ¿se plantea en la América española del siglo XVII el mismo problema que he introducido al hablar de la "crisis" general europea?; crisis ¿para quién? En el contexto europeo (con refeudalización o sin ella) se puede responder que para la gran mayoría, pero no estoy seguro de que se pueda decir lo mismo en el caso del conjunto americano.

Si así es, como yo creo, estamos ante un fenómeno bastante importante que, estoy convencido, nunca se ha estudiado con la atención debida, y que es el de las contracoyunturas. Este problema de las coyunturas opuestas de Europa e Iberoamérica debe retener nuestra atención. La "crisis" del XVII puede constituir una excelente piedra de toque.

# I. EL NÚMERO DE HOMBRES

EN LAS PÁGINAS precedentes subrayé la importancia que tiene el factor demográfico en la historia económica en general, y en el estudio de las crisis largas en particular. Una tendencia historiográfica considera que los movimientos de población son la piedra angular y el motor de toda la actividad económica.

Así pues, en el caso de la crisis del siglo XIV, no ha faltado quien interprete los estragos demográficos causados por la peste de 1348 como el origen de todas las desgracias que azotaron a Europa durante más de un siglo. De igual modo, estaríamos tentados de decir que la explicación a la crisis del siglo XVII fue el gran brote epidémico de 1629-1630. Antes de seguir adelante, es preciso abrir un paréntesis sobre las causas de los grandes brotes epidémicos.

Este asunto tiene tres respuestas:

*a)* se considera que las pestes son casuales, casi la expresión de una voluntad sobrenatural *(Digitus Dei hic est),* que castiga así los extravíos humanos;

*b)* se busca una razón "humana", "terrestre", y

*c)* se puede pensar, tal como me lo sugiere Maurice Aymard, que existe un tercer factor ligado a la dinámica de la enfermedad en sí y del virus o del bacilo que la produce. Por definición, toda enfermedad epidémica nos remite a tres series de causas: el hombre, que es la víctima, y que aprende a defenderse; el medio, fuertemente humanizado, y el virus propiamente dicho.

Nada sabemos sobre la evolución de este último en el contexto de los siglos XVII y XVIII. En lo que se refiere al medio, se puede pensar que la creación de hospitales, lazaretos, etc., pudo ser un factor positivo, aunque de una manera muy limitada. Por último, las defensas del hombre: si entendemos por esto una evolución de la ciencia médica, no hay mucho que decir sobre el periodo que aquí se estudia; más bien se puede pensar en una difusión de la inmunización contra las enfermedades "europeas" entre la población aborigen de América. Sobre este último aspecto hablaré más adelante.

Examinemos, pues, las dos primeras "explicaciones". Elimino de entrada la primera interpretación que conduce a negar el oficio de historiador.

Si aceptamos el segundo punto, ¿adónde llegamos? Podemos empezar por considerar algunos fenómenos naturales tales como la influencia de las manchas solares. Pero "es preciso rendirse ante la evidencia de que no existe ninguna relación manifiesta entre los dos fenómenos, pues los brotes de peste se producen indiferentemente en periodos de máxima actividad solar y en periodos de mínima actividad".[1] El clima es otra causa natural que podría tomarse en consideración. En este contexto, el único elemento que se ha comprobado como cierto se basa en que "la humedad favorece la propagación de la peste por la acción que ejerce sobre la biología de las pulgas".[2] Pero "si el clima ejerce una acción sobre la evolución [la *evolución,* no el *origen:* R. R.] de la peste, ésta, al parecer, es ocasional".[3]

Esta causa "natural" atribuida al clima nos lleva a algo más concreto, más humano: las cosechas. Sin lugar a dudas, el clima influye en las cosechas y por tanto en la alimentación, sobre todo en las sociedades cuya circulación de materias pesadas, como los cereales, es insuficiente.[4]

A mi entender, aquí alcanzamos el campo de lo posible: una hambruna producida por una mala cosecha o por el resultado de dos o tres cosechas mediocres en forma consecutiva debilita a una población y la hace vulnerable. Y aquí no termina el asunto. Una hambruna significa un flujo migratorio del campo a las ciudades donde existen estructuras de beneficiencia (públicas, religiosas o privadas) que permiten a los inmigrantes "no morir de hambre". Pero esta afluencia de hombres a las ciudades trastorna las estructuras higiénicas, de por sí precarias.

Podemos, pues, imaginar que se dio la siguiente cadena: hambruna ⟶ epidemia (epidemia, no peste).

Es preciso considerar también que tanto la epidemia como la hambruna reducen el número de individuos, lo cual repercute en los trabajos del campo y, por tanto, aumenta los riesgos de una nueva ham-

---

[1] J. N. Biraben, *Les hommes et la peste en France et dans les pays européens et méditerranéens,* I, "La peste dans l'histoire", París-La Haya, 1975, p. 133.

[2] *Ibid.,* p. 135.

[3] *Ibid.,* p. 139.

[4] A todo esto podemos añadir aún un elemento: la guerra. Pero no existe una correlación directa entre epidemia y guerra; ejemplo de ello, la peste de 1665 que estalló en un periodo de paz absoluta. Pero lo que sí es cierto es que las guerras constituyen un terreno (y un vehículo) favorable para la difusión de las epidemias.

bruna. El esquema completo, como ya lo anticipé en la introducción es, pues: hambruna ——→ epidemia ——→ hambruna.[5]

Y aquí no acaba esto. Una población progresivamente debilitada por esta situación mecánica de las "desgracias", en un momento dado es presa fácil de la peste, la verdadera peste.

La *repetición* del mecanismo: hambruna ——→ epidemia ——→ hambruna es, pues, lo que produce los grandes brotes de peste (1348, 1630, 1665, etc.). Ejemplos no faltan.[6]

[5] Si se desea una explicación más detallada, cf. R. Romano y A. Tenenti, *Die Grundlegung der modernen Welt*, Francfort, 1967, pp. 9-16. Recientemente, M. Livi-Bacci, *Popolazione e alimentazione*, Bolonia, 1987, volvió a someter a discusión el modelo malthusiano, pero sus conclusiones no me parecen decisivas. Para empezar, ¿qué significa el hecho de que "durante años de normalidad" (p. 160) la alimentación no es "elemento determinante de la mortalidad"? ¿Cuáles (y cuántos) son esos años "de normalidad", por ejemplo entre 1314 y 1348? El cuadro (p. 55) que indica que hay una influencia "mínima, inexistente", entre alimentación y peste no nos dice gran cosa. Que yo sepa, nadie ha sostenido hasta ahora que las causas de la peste de 1348 hayan sido las escaseces de trigo de 1346 y 1347. Lo que verdaderamente cuenta es la *cadena* hambruna → epidemia → hambruna, cadena que se hace más evidente gracias a este mismo cuadro, donde se indica que la alimentación ejerce una "influencia bien definida" sobre el "cólera, la diarrea y las enfermedades respiratorias..." Además, M. Livi-Bacci afirma que "el freno represivo malthusiano de la insuficiencia de recursos alimentarios no ha actuado en la escala del largo plazo, sino en la de un lapso corto". Pero una serie de lapsos cortos forman el largo periodo, y no alcanzo a comprender cómo se puede sostener la función, en gran parte exógena, de la mortalidad (producida por las epidemias), después de haber indicado la relación entre alimentación, por una parte, y cólera, diarrea, enfermedades respiratorias, etc., por la otra, y que las "vicisitudes histórico-epidemiológicas de la peste, la viruela, el tifus y muchas otras infecciones están lejos de haber sido aclaradas" (p. 161). La última observación es cierta, pero no elimina la otra, *la antigua*, de la relación alimentación-epidemias.

Y M. Livi-Bacci parece admitirlo cuando termina su libro con un "retorno a Malthus, pero por otros caminos" (p. 160): la importancia de los recursos alimenticios no se vería bajo el perfil de la relación directa alimentación-mortalidad, sino como "soporte y freno del matrimonio y de la formación de los grupos familiares" (p. 161).

[6] J. N. Biraben, *op. cit.*, pp. 147-154. Para un ejemplo más preciso, muy bien estudiado, cf. E. Charpentier, *Une ville devant le peste. Orvieto et la peste noire de 1348*, París, 1962.

Este mismo esquema: hambruna → epidemia → hambruna, se puede verificar también en el ámbito americano. Así, E. Florescano, *Precios del maíz y crisis agrícolas en México (1708-1810)*, México, 1960, p. 160, lo ha descrito muy bien en el contexto americano y sus conclusiones me parecen bastante claras: "por lo menos diez de las grandes 'pestes' que diezmaron a la población de la ciudad [de México] en el siglo XVIII están estrechamente asociadas con las crisis agrícolas. Además de las indicaciones de los contemporáneos, las fechas en que ocurren las crisis y las epidemias comprueban esa relación. En siete ocasiones, es decir, en la mayoría de los casos, los años de crisis anteceden por unos meses a los de la epidemia y coinciden simultáneamente con ellas". En los tres casos en que la epidemia precede a la hambruna, el "periodo de apogeo coincide con la intensidad máxima de éstas" (p. 162). E. Malvido nos confirma esto en su ensayo "Efecto de las epidemias y hambrunas en la población colonial de México (1519-1810)", en E. Florescano y E. Malvido (comps.), *Ensayos sobre la historia de las epidemias en México*, t. I, México, 1982, p. 179, quien, refiriéndose a un conjunto de diferentes epidemias, no duda en afirmar que fueron "resultantes de una grave crisis agrícola".

¿Se trata de un caso exclusivamente mexicano? N. Wachtel y E. Tandeter, "Le mouvement des prix à Potosí pendant le XVIIe siècle", en *Annales E.S.C.*, 1981, núm. 3 (este extenso artículo se publicó en forma de libro: *Precios y producción agraria. Potosí y Charcas en el siglo XVIII*, Buenos Aires, s. f. [1983]; de ahora en adelante citaré este texto a partir de la edición en español), dan

Me permito añadir, además, ciertas consideraciones al respecto. Primero, insisto en que no atribuyo al esquema hambruna ——→ epidemia ——→ hambruna (que de todas maneras se debe ver *en su repetición*) la función de "causa determinante" de la crisis, porque creo que no existe *una* causa determinante de la crisis. Simplemente quiero decir que esta concatenación contribuyó a la crisis demográfica dondequiera que se haya dado. Además, reconozco y acepto que el esquema que propongo no tiene un carácter general. En efecto, podemos reconocer que los grandes propietarios, y en algunas regiones también los medianos, escapan a este engranaje. Pero a mi entender, esto no elimina la validez del esquema en su conjunto.

CUADRO I.1. *La población de Europa, 1500-1800 (millones)*

| Región | 1500 Habs. | 1600 Habs. | 1700 Habs. | 1800 Habs. |
|---|---|---|---|---|
| Norte[a] | 1.6 | 2.6 | 3.1 | 5.0 |
| Noroeste[b] | 6.3 | 9.7 | 12.7 | 21.2 |
| Oeste[c] | 17.0 | 17.9 | 20.8 | 27.9 |
| Sur[d] | 16.4 | 21.7 | 21.7 | 31.3 |
| Centro[e] | 18.5 | 24.0 | 24.5 | 33.5 |
| *Total parcial* | *59.8* | *75.9* | *82.8* | *118.9* |
| Este[f] | 12.0 | 15.0 | 20.0 | 36.0 |
| Sudeste[g] | 9.1 | 11.2 | 12.2 | 20.8 |
| *Total parcial* | *21.1* | *26.2* | *32.2* | *56.8* |
| *Total general* | *80.9* | *102.1* | *115.0* | *175.7* |

[a] Dinamarca, Noruega, Suecia, Finlandia.
[b] Islas Británicas, Países Bajos, Bélgica.
[c] Francia.
[d] Portugal, España, Italia.
[e] Alemania, Suiza, Austria, Polonia, parte checa de Checoslovaquia.
[f] Rusia (parte europea).
[g] Eslovaquia, Hungría, Rumania, Países Balcánicos.
    En todos los casos, en las fronteras actuales.
FUENTE: P. Kriedte, *op. cit.,* p. 12.

(cuadro 8) diversas indicaciones sobre el ritmo de las epidemias y de las "hambrunas" y "escaseces" en Potosí. No sacan conclusión alguna (excepto en el aspecto de la relación sequía-precios) y el tipo de documentación, totalmente cualitativa, no permite hacer demasiadas consideraciones generales; sin embargo, se deja ver un cierto vínculo entre "hambrunas" y "escaseces" -epidemias.

Volvamos ahora a nuestra crisis del siglo XVII. Los años noventa del
XVI nos muestran que en Europa se dio por todas partes una serie de
severas hambrunas: 1598 (Polonia y los Países Bajos), 1591-1597 (Italia
y los Balcanes), 1595 (las regiones atlánticas) y 1597 (Alemania y
Europa central). A pesar de todos los esfuerzos que se hicieron para
organizar el abastecimiento,[7] las hambrunas azotaron a las poblaciones, lo que se agravó porque cada hambruna iba seguida de una epidemia. Ahí es donde empieza a debilitarse el crecimiento de la población europea (véase el cuadro I.1).

Según este cuadro, podemos observar fácilmente que las tasas de
crecimiento entre 1500 y 1600, por un lado, y entre 1600 y 1700 por
otro, fueron muy diferentes:

| Región | 1500-1600 (%) | 1600-1700 (%) |
|--------|---------------|---------------|
| Norte | 63 | 19 |
| Noroeste | 54 | 31 |
| Oeste | 5 | 16 |
| Sur | 32 | 0 |
| Centro | 30 | 1.5 |
| Este | 25 | 33 |
| Sudeste | 23 | 9 |

¿Qué deducimos de ello? Antes que nada es preciso destacar que
entre 1600 y 1700, excepto en el oeste (Francia) y en el este (la parte
europea de Rusia), las tasas de crecimiento fueron en su totalidad inferiores a las que encontramos en el periodo 1500-1600. Aún más, las
tasas de crecimiento corresponden sobre todo a Inglaterra y a Holanda
(así como a Rusia), y las más bajas a Portugal, España, Italia, Alemania,
Austria, Polonia y la parte checa de Checoslovaquia. Los países que
están en una posición intermedia son Francia, Suecia, Dinamarca y
Finlandia. Pues bien, todo esto parece confirmar lo que en un primer
planteamiento expuse en la introducción respecto de una geografía
diferencial de la economía europea del siglo XVII (por supuesto, incluso
dentro de los países con una tasa de crecimiento baja se pueden
encontrar enclaves que muestran signos positivos; del mismo modo, el
estancamiento o el crecimiento no son nunca, en ninguna parte, li-

---

[7] Cf., por ejemplo, F. Braudel y R. Romano, *Navires et marchandises à l'entrée du port de
Livourne (1547-1611)*, París, 1951, pp. 49 y ss.

neales, y encontraremos por todas partes movimientos de flujo y reflujo de amplitud variable).

Por último, y puesto que se habla del peso que ejercen los individuos, quisiera hacer notar, sin tomar en cuenta los *nombres* de los diferentes países, que los habitantes del sur y del centro representan, en *número,* alrededor de 43% de la población total de Europa.

Volvamos por un momento al cuadro de Peter Kriedte. Como todo cuadro de conjunto, éste es bastante criticable, pero tratemos de verlo en detalle, con base en tres estudios relativos a tres países: Francia, Inglaterra e Italia. A. Bellettini[8] nos da los siguientes datos para este último país: 1600: 13.3 millones; 1700: 13.4 millones, es decir, una tasa de crecimiento casi nula si se compara con la del conjunto del siglo (cierto es que hubo una recuperación después de haber alcanzado el punto más bajo —11.5 millones— en 1650).

En cuanto a Francia, si aplicamos los datos de J. Dupâquier,[9] encontraremos este movimiento: 1610-1639: 19.4 millones; 1670-1699: 20.8 millones, es decir, una tasa de crecimiento de 7.21 por ciento.[10]

Por último, en el caso inglés encontramos:[11] 1600: 4 109 981; 1701: 5 057 790 con una tasa de aumento de 23 por ciento.

Esto nos confirma una tendencia de fuerte expansión demográfica en Inglaterra; un débil aumento en el caso francés, y estabilidad en Italia.

A estas consideraciones quisiera añadir algunas explicaciones complementarias. Comenzaré por basarme en un fenómeno bastante importante: el abandono de los pueblos *(Wüstungen)* y de los territorios *(Flurwüstungen);* pero no voy a transcribir aquí las conclusiones de un volumen colectivo del cual fui compilador, en lo que se refiere a la parte histórica.[12] Prefiero recordar las conclusiones a las que llegó Slicher van Bath:

Algunos estudios históricos realizados en Francia, España, Italia, Grecia, Alemania, Inglaterra y Polonia revelaron que el número de pueblos abandonados en el siglo XVII no fue tan grande como a fines de la Edad Media,

---

[8] A. Bellettini, "La popolazione italiana dall'inizio dell'era volgare ai giorni nostri", en AA. VV., *Storia d'Italia,* vol. V, Turín, 1973, p. 497.

[9] J. Dupâquier, *Histoire de la population française,* vol. II, París, 1988, p. 68.

[10] La discordancia entre la tasa de aumento que se puede deducir del cuadro de P. Kriedte y el que yo elaboré se debe a que P. Kriedte toma en consideración a la población de Francia en 1580-1609 (17.9 millones) y yo preferí tomar en cuenta la cifra relativa al momento de más alta población al fin del "largo siglo XVI".

[11] E. A. Wrigley y R. S. Schaffeld, T*he Population History of England, 1541-1871,* Londres, 1981, p. 209.

[12] AA.VV., *Villages désertés et histoire économique,* XI-XVIIe s., París, 1965, cf. en especial el prefacio de F. Braudel, p. 8.

dado que, en su conjunto, la regresión de la agricultura en el siglo xvii fue menos pronunciada. Sin embargo, la reducción de las tierras de cultivo fue un fenómeno general en Europa, las guerras, aunadas a los brotes de peste durante el siglo xvii, no pudieron haber sido la única causa de ello. En casi todos los países europeos encontramos un marcado retroceso en los precios que afectó en forma adversa a los productos en general y a los cereales en particular. Como ya vimos, la reducción de las hectáreas de cultivo, aunada a la caída de los precios, sólo se puede explicar por un decremento de la población, y esto de hecho se confirma con los datos demográficos de que disponemos.[13]

Sé muy bien que me rebatirán diciendo que las palabras *Wüstungen* y *Flurwüstungen* pueden significar varias cosas. Volviendo al esquema de W. Abel,[14] he aquí la complejidad del fenómeno:

En lo que se refiere a la gran crisis del siglo xiv al xv, conocemos toda una serie de porcentajes de abandonos totales que van desde un máximo de 26% en Alemania (a fines de 1393) a 11% en Dinamarca. En cambio, tratándose del siglo xvii, no estamos en posición de evaluar el fenómeno de una forma tan precisa. Aquí el problema no estriba en proporcionar porcentajes exactos, sino en verificar la existencia del fenómeno. Pues bien, estamos seguros de:

*a)* asistir al mínimo a reagrupaciones de la población de dos o varios pueblos en un solo;

*b)* observar abandonos de tierras, *por lo menos* temporales, además de numerosos casos de abandonos permanentes.

En resumen, se deduce, dentro del contexto de la crisis del siglo xvii, que no se trata solamente de que la población, sobre todo la rural, decrezca o se estanque.

[13] B. H. Slicher van Bath, "Agriculture in the Vital Revolution", en *The Cambridge Economic History of Europe*, vol. V, Cambridge, 1977, p. 69.
[14] W. Abel, *Agrarkrisen…, op. cit.,* p. 82.

Es mucho más importante observar que dentro de la población (repito, hablo del grupo determinante en cuanto a lo que es vida productiva, es decir, de la población agrícola) se manifiestan signos muy graves de desagregación.

En cambio, durante el siglo XVII la estructura urbana europea no solamente no se debilita sino que, por lo contrario, se refuerza considerablemente (véase el cuadro I.2).

CUADRO I.2. *Evolución de las ciudades de Europa*
*(sin considerar a Rusia), según su tamaño (1000-1700)*

| Tamaño de las ciudades (miles de habs.) | 1000 | 1300 | 1500 | 1600 | 1700 |
|---|---|---|---|---|---|
| Núm. de ciudades | | | | | |
| 10-20 | (72) | (150) | (146) | (177) | (200) |
| 20-50 | 35 | 80 | 74 | 85 | 98 |
| 50-100 | 3 | 7 | 17 | 21 | 21 |
| 100-200 | — | 4 | 3 | 9 | 7 |
| 200-500 | 1 | 1 | 1 | 2 | 2 |
| 500 y más | — | — | — | — | 2 |
| *Total* | *111* | *242* | *241* | *294* | *330* |
| Población de las ciudades (miles de habs.) | | | | | |
| 5-10 | (1 200) | (2 540) | (2 500) | (3 150) | (3 350) |
| 10-20 | (930) | (1 960) | (1 900) | (2 300) | (2 600) |
| 20-50 | 970 | 2 250 | 2 100 | 2 430 | 2 830 |
| 50-100 | 215 | 415 | 1 090 | 1 350 | 1 540 |
| 100-200 | — | 460 | 345 | 1 120 | 750 |
| 200-500 | 460 | 230 | 225 | 545 | 410 |
| 500 y más | — | — | — | — | 1 080 |
| *Total* | *3 765* | *7 855* | *8 160* | *10 895* | *12 560* |
| Población total | (39 000) | 75 000 | 76 000 | 95 000 | 102 000 |
| Tasa de urbanización (en %) | (9.7) | 10.4 | 10.7 | 11.5 | 12.3 |

NOTAS: El ligero grado de redondeo de las cifras no implica un margen de error correspondiente.

Las cifras entre paréntesis reflejan un margen de error mucho más importante que el resto de los datos.

FUENTE: P. Bairoch, *De Jéricho à México. Villes et économie dans l'histoire,* París, 1985, p. 182.

Así pues, la "población urbana que representaba 10-12% de la población total hacia 1500, en 1600 representa 10-13% y en 1700, 11-14%",[15] con variaciones geográficas muy marcadas: hacia 1700, la población urbana representa de 5 a 8% en los países escandinavos, pero de 38 a 49% en Holanda. Por supuesto, también se da el caso de ciudades que durante el siglo XVII pierden una parte de su población, como Venecia o Ginebra,[16] ciudades a las cuales la historiografía les ha consagrado su atención en múltiples ocasiones, sobre todo desde G. Botero, quien ya en su *Della ragion di stato* (Venecia, 1589) se planteaba el problema del estancamiento del crecimiento demográfico de Milán y de Venecia. Pues bien, en mi opinión, más que examinar una u otra ciudad en particular, conviene examinar, como lo hace con toda justeza Paul Bairoch, el conjunto de la red urbana europea.

De hecho, la red urbana del XVII se las arregló bastante bien y esto nos plantea un nuevo problema: ¿cómo se pudieron defender las ciudades (grandes y pequeñas)?, y en algunos casos, ¿cómo pudieron incluso prosperar? ¿Existirían tasas diferentes de nupcialidad, de mortalidad y de natalidad entre la ciudad y el campo? Ciertamente existían los contrastes; pero lo que no se sabe, por lo contrario, es si esas diferencias favorecieron la estructura urbana.[17] ¿Entonces? La única explicación válida que nos queda es el hecho de que las ciudades se nutren de hombres gracias a las inmigraciones provenientes de la zona rural.[18]

Sobre un problema como el de la demografía europea en el siglo XVII podríamos llenar páginas y más páginas. Pero aun así podemos enunciar las siguientes conclusiones al respecto:

---

[15] P. Bairoch, *op. cit.*, p. 187.

[16] Así, por ejemplo, el caso de Ginebra. "Sin limitarnos ni a las crisis demográficas que la afectaron, ni a los fuertes brotes momentáneos de los refugiados hugonotes, podemos aceptar, en el caso de Ginebra, junto con Louis Binz y Alfred Perrenoud, las siguientes evaluaciones: 4 000 habitantes en 1407, pero ya cerca de 10 000 en 1464; 16 000 un siglo más tarde (1570); estancamiento durante todo el siglo XVII, y después un nuevo arranque: 20 000 hacia 1720 y cerca de 30 000 en 1790": cf. J. F. Bergier, "Villes et campagnes en Suisse sous l'Ancien Régime", en *Revue Suisse d'Histoire*, 31, 1981, y ahora, en J. F. Bergier, *Hermes et Clio*, Lausana, 1984, p. 101. Estas consideraciones de J. F. Bergier, que comparto plenamente y que me parecen las únicas válidas en términos de historia económica, deben matizarse. Si la evolución del capital demográfico es en efecto la que se indica más arriba, es preciso subrayar que el proceso de recuperación se efectúa a partir de los años sesenta del siglo XVII: cf. A. Perrenoud, *La population de Genève: XVI-XVII siècles*, t. I, Ginebra, 1979, p. 30.

[17] Cf. P. Bairoch, *op. cit.*, pp. 298 y ss.

[18] A este respecto, cf. las finas observaciones (que aun cuando de refieren a Suiza son perfectamente válidas más allá de sus fronteras) de J. F. Bergier, *op. cit.* Respecto del importante problema de la urbanización de las masas campesinas en Inglaterra, cf. P. Clark y P. Slack (comps), *Crisis and Order in English Towns: 1500-1700*, Londres, 1972.

*a)* la población global de la Europa occidental en general se estancó, aunque se dieran diferencias de país a país;

*b)* a pesar de este estancamiento, se mantuvo la población e incluso en muchos casos hubo un crecimiento (o una gran resistencia) de la población en las grandes ciudades y un crecimiento en un número importante de pequeñas y medianas ciudades que compensa la caída de otras urbes del mismo rango;

*c)* esto va en el sentido de que la red urbana "en 1700" se acerca más a lo que será "en 1800" que a lo que fue "en 1600", y

*d)* estos fenómenos se dieron en el marco de una transferencia de habitantes entre el campo y la ciudad.

Supongo que las observaciones que hemos introducido aquí sobre la diferencia entre estancamiento y fuerza de la red urbana dejarán satisfechos a todos los que creen en la virtud propulsiva (el "polo de crecimiento") de las ciudades. Pues bien, yo no creo que las ciudades de las sociedades preindustriales hayan desempeñado esa función, pues en su gran mayoría son parásitos del campo.

Para concluir sobre estas observaciones referentes a la población europea entre los siglos XVI y XVII, es preciso insistir en que el estancamiento de la población europea en su conjunto es un hecho indiscutible y lo es más todavía si pensamos que este estancamiento se traduce en una contracción de la población verdaderamente activa: la agrícola.

Si miramos ahora hacia Iberoamérica ¿qué vemos? Una primera e irrebatible observación es que la población aborigen, durante todo el siglo XVI, se vio terriblemente sangrada. Las cifras que se dan para demostrarlo varían mucho.

Así, en el caso de México, se habla indistintamente de 11 millones o de 25 millones de habitantes en el momento de la Conquista. Entre la multitud de datos que están a nuestra disposición, prefiero los que reconstruyó Jean–Noël Biraben en su audaz pero bien fundado artículo,[19] que abarcan a América Central y del Sur en conjunto:

---

[19] J. N. Biraben, "Essai sur l'évolution du nombre des hommes", en *Population*, 34, 1979, núm. 1, p. 16. Quisiera señalar otra estimación que una vez más va en el sentido de la tesis que propongo; la población pasaría de 10 millones y medio en 1600 a 11 800 000 en 1700 según los cálculos de J. Batou, *Cent ans de résistance au sous-développement*, Ginebra, 1990, p. 171. J. Batou efectuó sus cálculos a partir de los datos de N. Sánchez Albornoz, *op. cit.*, y de C. McEvedy y R. Jones, *Atlas of World Population*, Harmondsworth, 1978.

| Años | Millones | Años | Millones |
|------|----------|------|----------|
| 1250 | 26 | 1600 | 10 |
| 1300 | 29 | 1700 | 10 |
| 1340 | 29 | 1750 | 15 |
| 1400 | 36 | 1800 | 19 |
| 1500 | 39 |  |  |

Evidentemente, éstas son cifras aproximadas, pero ¿de qué nos extrañamos? Basta con pensar en lo que se refiere a la población actual, y comprobar que los anuarios de la ONU presentan variaciones de 5% de una edición a otra.[20]

Para nuestro propósito, retendremos tres cifras en especial: 39 millones de habitantes en 1500; 10 millones en 1600, y 10 millones en 1700.

Es, pues, preciso antes que nada, explicar la gran caída del siglo XVI. ¿Cuáles fueron las razones? Ya lo expliqué en otra ocasión.[21] Partiendo de que acepto en gran parte el principio del genocidio voluntario (o lo que es lo mismo, el asesinato al filo de la espada), he insistido mucho en otros factores: la llegada a América de las enfermedades infecciosas contra las cuales las poblaciones aborígenes no estaban inmunizadas en forma natural; el hecho de que algunas poblaciones hayan sido transportadas (deportadas) de las tierras altas, frías o templadas, a las costas (o al fondo de los valles) cálidas o tropicales, y viceversa; los ritmos de trabajo (más que la cantidad) impuestos por los europeos y, por último, la ruptura de la estructura social india (la "familia" en el sentido cultural de la palabra y no en el estrictamente demográfico).

En su gran libro, Nicolás Sánchez Albornoz precisa este último punto e introduce un elemento que me parece sumamente importante: "el desgano vital", la falta de voluntad de vida,[22] y como prueba, ofrece el hecho de que en todas partes se encuentra un descenso en el número de niños por unidad familiar. Pero, ¿por qué esta disminución de natalidad? Ciertamente intervienen causas psicológicas y de orden socioeconómico que se entremezclan, sobre todo en las sociedades in-

[20] Sobre este problema, cf. E. Naraghi, *L'étude des populations dans les pays à statistique incomplète*, París-La Haya, 1960.

[21] R. Romano, *Les mécanismes de la conquête coloniale: les conquistadors*, París, 1972, pp. 17-31; y cf. también J. Vellard, "Causas biológicas de la desaparición de los indios americanos", en *Boletín del Instituto Riva Agüero*, 2, 1953-1955, pp. 77-93.

[22] N. Sánchez Albornoz, *La población de América Latina*, Madrid, 1977, pp. 74 y siguientes.

dígenas, con una estratificación social insuficiente. ¿Para qué traer niños al mundo cuando, a juzgar por el presente, el porvenir no promete nada bueno? Esto es lo que indica de una manera que no puede ser más clara un texto de José Gumilla[23] que para explicar la "esterilidad voluntaria" de las mujeres indias observa lo que sigue:

Dos razones tanto más fuertes cuanto más observadas, y remiradas con largas reflexiones y experiencias, convencen y prueban la dicha voluntaria esterilidad; porque en primer lugar, muchas personas de maduro juicio han observado que en las partes donde descaece conocidamente el número de los indios se ven muchas indias sin hijos y enteramente estériles, y éstas son las casadas con indios; pero al mismo tiempo se reconoce en los mismo parajes y pueblos que todas las indias casadas con europeos o mestizos, cuarterones, mulatos y zambos, y también las que se casan con negros, son tan fecundas y procrean tanto, que pueden apostar a buen seguro con las hebreas más rodeadas de hijos. Y ¿quién habrá a quien no causara armonía y dé gran golpe y le dé en qué pensar esta tan visible y notable diversidad entre unas y otras indias de un mismo país, temperamento y de un mismo lugar? ¿Qué causa oculta hay aquí? ¿Qué diferencia? Digo que de la diferencia nace la causa: la diferencia está en que si la india casada con indio procrea, salen indios humildes, desatendidos de las otras gentes, prontos a servir hasta a los mismos negros esclavos [...] salen indios sujetos al abatimiento, hijos de la cortedad de su ánimo y de su innato temor; obligados al tributo que, aunque llevadero, se mira como carga y lunar. "Pues no quiero parir semejantes hijos", dijeron y dicen las indias de las catorce islas Marianas (por otro nombre de los Ladrones), y a los más, como de la nación de los guayanos me aseguró el reverendíssimo Padre Fray Benito de Moya, religioso capuchino, misionero apostólico y dos veces prefecto de sus Misiones, logran sólo el primer parto para su consuelo y toman hierbas para impedir los demás. Es cierto que la esterilidad voluntaria y buscada con tales medicinas es detestable, es contra la Ley de Dios y contra el bien del género humano; pero no se puede negar que hay males, los cuales, o realmente o en la aprensión, parecen peores que la esterilidad, mirada en sí puramente por la falta de los hijos de que va acompañada.

Como dice Nicolás Sánchez Albornoz cuando comenta este mismo texto,[24] "la misma mujer en condiciones iguales pero socialmente

---

[23] J. Gumilla, *El Orinoco ilustrado y defendido*, Caracas, 1963, p. 486.
[24] N. Sánchez Albornoz, *La población... op. cit.*, p. 77. C. Lazo García y J. Tord Nicolini, "El movimiento social en el Perú colonial", en *Histórica*, I, 1977, p. 61, indican con toda claridad las formas de "acción autodestructora" (suicidio, mutilación, alcoholismo, aborto) de los indios.

distintas, cambia de comportamiento. A mejor posición, mayor fecundidad".

Para explicar esta caída brutal de la población, podemos presentar una hipótesis: la de la amenorrea. Según los primeros estudios de J. V. Jawoski,[25] observador de los efectos de las hambrunas sobre las amenorreas, que lo llevaron a definir un tipo muy preciso de esta invalidez (las "amenorreas de guerra" o de "hambre"), se ha llegado a definiciones más complejas que introducen una nueva variante: la del "estrés".[26] Así pues, no se excluye que el estrés derivado de la Conquista, de la destrucción de la "familia", del miedo, de los cambios introducidos en las normas y en el nivel de vida, haya introducido también las amenorreas. Pero por el momento se trata de una pura hipótesis.

Una vez expuestas estas diferentes "razones" de la caída de la población, tratemos de ver, a la luz de algunos casos más precisos, más locales, si podemos confirmarla.

En el caso del centro de México, entre 1519 y 1650, la población aborigen cayó de cerca de 11 millones de habitantes a uno y medio en 1650.[27] En el de Perú, aunque no podamos convenir en una caída que, en unos cuantos decenios habría conducido a la población de la costa a 5% de su nivel de 1532,[28] es preciso aceptar que el conjunto de la población haya caído de 2 738 673 habitantes en 1530 a 601 645 en 1630.[29] En Colombia, país para el cual no disponemos de datos globales de la totalidad del territorio, o si los hay son sumamente controvertidos,[30] sabemos que en algunas provincias el número de indígenas tributarios evolucionó como sigue:[31]

---

[25] V. Jawoski, "Mangelhäfte Ernährung als Ursache von Sexualstörungen bei Frauen", en *Wiener Klinische Wachenschrift*, núm. 24, agosto de 1916, pp. 1068 y ss. Para un resumen bibliográfico sobre este problema, cf. Le Roy Ladurie, "L'aménorrhée de famine (xvii-xxe siècles)", en *Annales E.S.C.*, xxiv, 1969, pp. 1589-1601.

[26] Cf. H. Selye, *Stress. The Psychology and Pathology of Exposure to Stress*, Montreal, 1950.

[27] S. F. Cook y L. B. Simpson, *The Population of Central Mexico in the Sixteenth Century*, Berkeley, 1948, pp. 46-47. Es peciso subrayar que después, W. Borah y S. F. Cook, *Population of Central Mexico, 1531-1610*, Berkeley, 1960, corrigieron estos datos y propusieron una caída de 11 millones de habitantes en 1519 a un millón en 1605. Yo prefiero la serie "baja". De todas formas, las dos series apoyan mi tesis.

[28] J. H. Rowe, "Inca Culture at the Time of Spanish Conquest", en *Handbook of South American Indias*, vol. 2, 1946, pp. 183-330.

[29] Cf. N. D. Cook, *Demographic Collapse-Indian Peru, 1520-1620*, Cambridge, 1981, p. 94. Cf. también C. Vollmer, *Bevölkerungspolitik und Bevölkerungsstruktur in Vizekönigreich Peru zu Ende der Kolonialzeit, 1741-1821*, Berlín-Zurich, 1967, p. 371.

[30] Cf. J. Jaramillo Uribe, "La población indígena de Colombia en el momento de la conquista y sus transformaciones posteriores", en *Anuario Colombiano de Historia Social y de la Cultura*, I, 1964, pp. 241-242.

[31] G. Colmenares, *Historia económica y social de Colombia, 1737-1819*, Bogotá, 1973, p. 91;

Provincia de Tunja: de 232 407 en 1537 a 44 691 en 1636.
Provincia de Pamplona: de 35 000 en 1560 a 5 000 en 1637.
Cartagena: de 15 000 en 1593 a 69 en 1628.

En el caso de Venezuela, Eduardo Arcila Farías[32] nos ha dado pruebas claras, pero poco reducibles a estadísticas, de la caída demográfica en el valle de Caracas entre 1567 y 1568. Cualesquiera que sean las
cifras que se tomen en consideración de todas las que tenemos a
nuestra disposición, se encuentra una disminución de 60 a 20%. En
suma, observamos por todas partes esta despiadada caída de la
población indígena. Incluso en los casos en que sólo podemos recurrir a simples estimaciones o a pruebas completamente fragmentarias,
como en Chile,[33] Panamá,[34] Santo Domingo,[35] Cuba[36] y otros lugares,
la regularidad de este fenómeno es constante, aunque la intensidad
varía.

Pero esta disminución de la población aborigen recibe una compensación en el nivel continental, muy relativa por cierto, con el arribo de
los esclavos y de los blancos y su reproducción una vez llegados.

En lo referente a los primeros, el importante *Census* establecido por
Philip D. Curtin,[37] nos proporciona una buena información, de la cual
ofrezco aquí (Cuadro I.3) los elementos en cifras.

Estamos una vez más ante cifras bastante discutibles.[38] Pero su tendencia es cierta y se puede resumir como sigue: entre 1526 y 1600, se
llevaron a la América hispana 125 000 esclavos y después, entre 1600 y
1700, 852 500 más.

J. Friede, *Los quimbayas bajo la dominación española*, Bogotá, 1963, pp. 251 y ss, y del mismo
autor, "Algunas consideraciones sobre la evolución demográfica en la provincia de Tunja", en
*Anuario Colombiano de Historia Social y de la Cultura*, 2, 1965, núm. 3, pp. 5-19. Cf. también J.
B. Ruiz Rivera, *Encomienda y mita en Nueva Granada*, Sevilla, 1975, p. 99, y S. F. Cook y W.
Borah, "La demografía histórica de las tribus de Colombia en los estudios de J. Friede y C.
Colmenares", en S. F. Cook y W. Borah, *Ensayos sobre la historia de la población*, México, 1977,
vol. I, pp. 388 y ss.

[32] E. Arcila Farías, *El régimen de la encomienda en Venezuela*, Caracas, 1979, p. 54.

[33] R. Mellafe, *La introducción de la esclavitud negra en Chile*, Santiago de Chile, 1959, pp.
212 y ss.

[34] O. Jaén Suárez, *La población del istmo de Panamá del siglo xvi al siglo xx*, Panamá, 1979,
pp. 19-22.

[35] F. Moya Pons, *La Española en el siglo xvi, 1493-1520*, Santo Domingo, 1978, p. 216, cf. también P. Chaunu, *Séville et l'Atlantique*, t. VIII, 1, París, 1959, pp. 495 y siguientes.

[36] I. A. Wright, *The Early History of Cuba (1492-1586)*, Nueva York, 1916, p. 199, y L. Marrero,
*Cuba: economía y sociedad*, vol. 3, Madrid, 1975, pp. 1 y ss.

[37] *The Atlantic Slave Trade. A Census*, Madison, 1975.

[38] F. Braudel, *Civilisation matérielle, économie et capitalisme*, vol. III, París, 1979, pp. 377-378,
llega a estimaciones diferentes: 900 000 esclavos durante el transcurso del siglo xvi; 3 750 000 en

CUADRO I.3. *Número y procedencia de esclavos llegados a América*
*(millares)*

| Lugar | De 1401 a 1500 | De 1501 a 1600 | De 1601 a 1700 | De 1701 a 1810 |
|---|---|---|---|---|
| Europa | 25.0 | 23.8 | 1.2 | 0 |
| Santo Tomás | 1.0 | 75.2 | 23.9 | 0 |
| Islas del Atlántico | 7.5 | 17.5 | 0 | 0 |
| América española | 0 | 75.0 | 292.5 | 578.0 |
| Brasil | 0 | 50.0 | 560.0 | 1 891.4 |
| Caribe inglés | 0 | 0 | 263.7 | 1 401.3 |
| Caribe francés | 0 | 0 | 155.8 | 1 348.4 |
| Caribe holandés | 0 | 0 | 40.0 | 460.0 |
| Caribe danés | 0 | 0 | 4.0 | 24.0 |
| Colonias inglesas del norte y Estados Unidos de América | 0 | 0 | 0 | 348.0 |
| *Total* | *33.5* | *241.4* | *1 341.1* | *6 051.7* |

Cierto es que los 125 000 negros del siglo XVI[39] no modificaron la situación demográfica de un continente tan inmenso. Del mismo modo, la población blanca, a pesar de su crecimiento (ya fuera en forma natural o por las llegadas sucesivas de la Península Ibérica) no compensa tampoco los huecos que dejó la población oborigen. Frente a la caída de esta última, de la que acabamos de ver la magnitud, ¿qué significa el hecho de que la población (llamada) blanca evolucione entre 1570 y 1646 en la Nueva España de 63 000 a 125 000 y en el centro de México de 57 000 a 114 000?[40] Igualmente en Perú la población blanca pasa de alrededor de 25 000 personas en 1570 a 70 000 en 1650 y en Lima, durante los mismos años, pasa de 10 000 a 15 000 blancos.[41] Observaciones análogas se pueden hacer en el caso de Chile y de otros lugares.[42]

el siglo XVII; y de 7 a 8 millones durante el transcurso del siglo XVIII. Aun cuando las cifras de F. Braudel me "convinieran" más, prefiero la estimación "baja" de Ph. Curtin porque es más segura.
[39] N. Sánchez Albornoz, *op. cit.*, p. 94, considera las cifras dadas por Ph. Curtin como "bajas".
[40] W. Borah, *El siglo...*, *op. cit.*, p. 70. Respecto del crecimiento urbano mexicano, cf. A. C. Van Oss, "Architectural Actitivity, Demography and Economic Diversification: Regional Economics of Colonial Mexico", en *Jahrbuch für Geschichte von Staat, Wirtschaft und Gesellschaft Lateinamerikas*, XVI, 1979, pp. 79-145.
[41] A. Rosenblatt, *La población indígena y el mestizaje en América*, Buenos Aires, 1954, vol. I, pp. 59 y 88.
[42] Cf. Barros Arana, *Historia general de Chile*, Santiago de Chile, 1885, vol, IV, pp. 226-227.

Podemos afirmar con toda tranquilidad que aun a tasas diferentes de desarrollo, la población blanca de Iberoamérica creció, pero este crecimiento no compensó la fuerte contracción de la población aborigen. Por lo contrario, hay que pensar que este aumento de la población blanca, que se traduce en un aumento de todo tipo de presiones (tributos, trabajo, servicios de diferente naturaleza) sobre la población indígena, contribuirá a hacer descender aún más el número de aborígenes. Esto es lo que en 1594 señalaba el virrey de México en una carta que le envió al rey Felipe II: "crece cada día tanto la gente española y las labores y edificios públicos, seglares y eclesiásticos, y los indios van en tanta disminución, que se padece gran trabajo en querer sustentar tanta máquina con tan poca gente".[43] Es preciso subrayar también el papel que desempeñaba la población blanca en otro nivel. Ella es la causante de que se cree el dispositivo urbano de América, cuyo "precio", no lo olvidemos nunca, fue pagado por la población indígena.

Jorge E. Hardoy y Carmen Aranovich,[44] basándose en las crónicas de López de Velasco y de Vázquez de Espinosa de los años 1580 (±) y de 1630 (±), respectivamente, mostraron de manera indiscutible que tanto las ciudades como los pueblos muestran índices de crecimiento muy fuertes de una fecha a otra; la mayor parte de los centros urbanos efectúan un salto de "rango".[45] A esto añadamos que de 260 localidades citadas, sólo una aparece "despoblada"; se trata de Valdivia, en Chile, y no por razones endógenas o socioeconómicas, sino por causas exógenas: la villa fue atacada y destruida en 1599 por los indios "de guerra" sublevados.

Las conclusiones de Hardoy y Aranovich son confirmadas am-

[43] Cit. por N. Sánchez Albornoz, *op. cit.*, p. 85.

[44] Cuadro comparativo de los centros de colonización española existentes de 1580 y 1630, en *Desarrollo Económico*, núm. 27, octubre-diciembre de 1947, pp. 349-360, y de los mismos autores cf. también "Escalas y funciones urbanas en América hispánica hacia el año 1600"; en J. E. Hardoy y R. P. Schaedel (comps.), *El proceso de urbanización en América desde sus orígenes hasta nuestros días*, Buenos Aires, 1969. En B. Slicher van Bath, *Spaans America... op. cit.*, pp. 29-30, se encuentra un análisis complementario. Respecto del problema de la ciudad en la América ibérica, cf. el libro fundamental de J. L. Romero, *Latinoamérica: las ciudades y las ideas*, México, 1976.

[45] Hardoy y Aranovich establecieron los "rangos" y las ponderaciones siguientes para hacer una comparación entre las dos fechas:

| 1580 | 1630 |
|---|---|
| + 2 000 vecinos | + 9 500 vecinos |
| + 500 vecinos | 500 a 400 vecinos |
| + 90 vecinos | 250 a 400 vecinos |
| 25 a 90 vecinos | 60 a 250 vecinos |
| 10 a 25 vecinos | 10 a 60 vecinos |

pliamente por los cálculos de Paul Bairoch, que aunque a primera vista parezcan muy audaces, me consta que son el fruto de grandes y eruditos trabajos. Según este autor el número de ciudades en Iberoamérica de más de 20 000 habitantes habría evolucionado como sigue:

| | |
|------|----|
| *1500* | 32 |
| *1600* | 12 |
| *1700* | 21 |
| *1750* | 29 |
| *1800* | 41 |

Así, a fines del siglo XVII, la tasa de urbanización de Iberoamérica es de 12.5%, lo cual se aproxima a la tasa de 12.3% correspondiente a Europa (véase el cuadro 2), pero naturalmente, no se debe olvidar que en comparación con las dimensiones del continente americano, su red urbana es infinitamente más floja que la europea.

Por último, también durante el siglo XVII, aparece en la escena demográfica y socioeconómica otro personaje: el mestizo o el mulato (y todas las posibilidades de mezclas conocidas con el nombre de castas, de las cuales se podían contar hasta 52).[46] Es difícil establecer cuál era su importancia numérica, pues pronto la distinción étnica entre mestizos e indios se convierte en una distinción de orden social. Y como dice Magnus Mörner, "el crecimiento de la población mestiza se hace especialmente sorprendente a partir de la segunda mitad del siglo XVI".[47]

Esto lo veremos con detalle más adelante. En resumen, a la catás-

---

[46] Me dediqué, por gusto, a calcular las probabilidad (teóricas, por supuesto, pero con bastantes posibilidades reales) de mezclas en una población compuesta por negros, indios y blancos. Después de $m$ generaciones, las posibilidades son:

$$1+2+3\ldots +2m \ (2m+1) = \frac{(2m + 2) \ (2m + 1)}{2}$$

Así,    $m = 0$,    3 posibilidades
        $m = 1$,    6 posibilidades
        $m = 2$,    15 posibilidades    (incluidas las precedentes)
        $m = 3$,    45 posibilidades
        $m = 4$,    152 posibilidades
        $m = 5$,    561 posibilidades

[47] M. Mörner, *Le métissage dans l'histoire de l'Amérique latine*, París, 1971, p. 119. Para captar

trofe del siglo xvi que azotó a la población aborigen de América[48] no corresponde ninguna compensación: ni por los esclavos negros, ni por los "blancos", ni por parte de los mestizos o de los mulatos. Así pues a un siglo xvi de expansión de la población europea se enfrenta un siglo xvi americano de contracción demográfica.

En el siglo siguiente, las cifras propuestas por J. N. Biraben con relación a la población de América Central y del Sur (10 millones en 1600; 10 millones en 1700)[49] indican ya un primer hecho: se detiene la caída, al parecer ineluctable, que da comienzo en el siglo xvi. Pero ¿en realidad hubo estancamiento o podríamos incluso hablar de crecimiento? Todo depende del año que se tome en cuenta como punto de partida. Si nos situamos en 1600, podemos decir que hubo estancamiento hasta 1700-1720. Pero el hecho es que la población indígena siguió bajando en América durante el transcurso del siglo xvii. ¿Hasta cuándo? Hasta 1650 y muy probablemente 1630, con variantes locales, naturalmente.

mejor estos fenómenos de mimetismo étnico, es preciso considerar que existe una condición *legal* y una condición *social,* y que las diferencias entre ambas son enormes:

| Condición legal | Estatus social |
|---|---|
| 1) Españoles | 1) Peninsulares |
| 2) Indios | 2) Criollos |
| 3) Mestizos | 3) Mestizos |
| 4) Mulatos, zambos y negros libres | 4) Mulatos, zambos y negros libres |
| 5) Esclavos | 5) Esclavos |
| | 6) Indios (con excepción de los caciques) |

El interés de los indios, sobre todo los de las ciudades, por mimetizarse entre los mestizos es evidente: cf. M. Mörner, *op. cit.*, p. 76.

[48] Por supuesto, hubo excepciones: por ejemplo, Rabinal (Guatemala), fundada por Las Casas, que permaneció siempre bajo un estricto control de los dominicos tuvo el movimiento demográfico siguiente:

| | |
|---|---|
| 1538 | 600 |
| 1625 | 700 |
| 1700 | 1 200 |
| 1740 | 2 000 |

Cf. N. Percheron, "Les confréries religieuses de Rabinal à l'époque coloniale", en *Cahiers de R.C.P.*, núm. 1, 1979, pp. 64-65.

[49] P. Bairoch, *op. cit.,* p. 499, ofrece una serie diferente:

| | |
|---|---|
| 1600 | 10 millones |
| 1700 | 12 millones |
| 1750 | 15 millones |
| 1800 | 20 millones |

Como vemos, la serie de P. Bairoch nos muestra incluso un crecimiento de la población durante el transcurso del siglo xvii.

El caso mexicano es el más claro en la medida en que es el que se ha estudiado más. Luego de las indicaciones de Cook y Simpson,[50] que había fijado el nadir de la población indígena en 1650, la fuerte reacción de José Miranda[51] nos trae el punto más bajo a 1630.[52] No puedo clasificar estas diferentes interpretaciones (aun cuando a la vista de las cifras prefiero las de José Miranda). De cualquier manera, es importante observar que la caída continúa *después* de 1600. Por tanto, si durante los 100 años tomados en consideración por J. N. Biraben existe una simple conservación de un patrimonio demográfico, es preciso subrayar que esta conservación está compuesta por una caída (hasta 1630-1650) y una recuperación. Por otra parte, falta considerar que entre 1646 y 1752, la población total de la Nueva España pasa de 1 712 615 habitantes a 2 477 277.[53]

Estas cifras globales sobre las cuales hemos reflexionado a propósito del conjunto de la población mexicana, por otra parte quedan confirmadas con los movimientos de natalidad de diferentes parroquias mexicanas estudiadas durante estos últimos años;[54] todas ellas reflejan un gran movimiento de alza acompañado de una extrema regularidad, lo cual me parece muy importante.

[50] S. F. Cook y L. B. Simpson, *The Population of Central Mexico in the Sixteenth Century*, Berkeley, 1948, p. 39.

[51] J. Miranda, "La población indígena de México en el siglo xvii", en *Historia Mexicana*, vol. XII, 1962, p. 185. Después, incluso se indicó el nadir demográfico de la Nueva España en el periodo anterior a 1620: cf. E. Florescano y E. Malvido, *Ensayos sobre la historia de las epidemias en México*, vol. I, México, 1982.

[52] S. F. Cook y W. Borah, *The Indian Population of Central Mexico, 1531-1620*, Berkeley, 1960, p. 56. Cf. el artículo de J. C. Chiaramonte "En torno a la recuperación demográfica", *op. cit.*, pp. 568-570, que es un examen de esta polémica; cf. también B. H. Slicher van Bath, "De historische demografie van Latijns Amerika-Problemen en resultaten van onderzoek", en *Tijdschrift voor Geschiedenis*, 12, 1979, pp. 527-556, en especial p. 539.

[53] G. Aguirre Beltrán, *La población negra de México*, México, 1972, pp. 219 y 221. Se encontrará una confirmación de este movimiento en situaciones locales. Por ejemplo, en Cholula se pasa de 8 500 habitantes indígenas en 1643 a 10 650 en 1696 (y 11 150 en 1743): cf. F. Hermosillo, "Cholula o el desplome de un asentamiento étnico ancestral", en *Historias*, 10, 1985, p. 25. En la diócesis de Puebla-Tlaxcala se observa entre 1646 y 1742, un "ritmo de crecimiento lento pero sostenido (tasa promedio de crecimiento anual 0.45%), incrementándose la población en un 35%": cf. M. A. Cuenya, "Puebla en su demografía, 1650-1850", en AA.VV., *Puebla de la Colonia a la Revolución*, Puebla, 1987, p. 59.

[54] Cf. en especial M. Carmagnani, "Demografia e società. La struttura sociale di due centri minerari del Messico settentrionale (1600-1720)", en *Rivista Storica Italiana*, vol. LXXXII, 1970; T. Calvo, *Acatzingo. Demografía de una parroquia mexicana*, México, 1973; C. Morin, "Population et épidémies dans une paroisse mexicaine: Santa Inés Zacatelco (xviie-xixe siècles)", en *Cahier des Amériques latines*, vol. 6, 1972; M. A. Cuenya, "La crisis de Puebla en su demografía", en R. Vélez Pliego y J. C. Garavaglia (comps.), *XI International Congress of the Latin American Studies Association-Workshop W 313: Historia Regional de Puebla*, México, 1983 (mimeo.), y E. Malvido, "Factores de despoblación y de reposición de la población de Cholula (1641-1810)", en *Historia Mexicana*, XXIII, 1973.

Por otra parte, C. A. Rabell Romero demuestra en una forma bastante clara que "el mayor ritmo de incremento de toda la época colonial se dio durante el siglo xvii".[55]

No quisiera hacer una lista interminable de datos, pero me permito remitir al lector al juicio de J. C. Garavaglia y de J. C. Grosso, quienes en un reciente análisis de conjunto de los estudios mexicanos sobre este tema, escriben que "pareciera fortalecerse la hipótesis de una crisis que a partir de la tercera o cuarta década del siglo xviii habría puesto fin al *proceso de recuperación iniciado a mediados del siglo anterior*"[56] (las cursivas son mías).

Desgraciadamente, tratándose de otros países de América, no contamos con estudios tan precisos como los que tenemos de México; pero no faltan indicaciones dispersas o indicios que atestiguan que hubo una recuperación de la población indígena durante el siglo xvii.

Ante todo, asistimos a un fenómeno de rejuvenecimiento de la población: en Sipesipe (Bolivia), la población masculina indígena "originaria", ya en 1645 estaba compuesta por 44% de individuos de menos de 14 años;[57] en Otavalo (Ecuador) existen testimonios de una fuerte preponderancia (46% del total) de la población joven en 1582.[58] También se observa una recuperación de la natalidad; así por ejemplo, en 1602, en Pamplona (Colombia) 43% de las familias no tenían hijos, 27% tan sólo uno y 19% dos. Veinte años más tarde, las proporciones son, respectivamente, 30, 27 y 22%.[59] En Végueta, sobre la costa peruana, se observa que 13 familias tenían entre tres y cuatro hijos en 1683 mientras que en 1623, sólo siete tenían ese número de infantes: la edad del primer parto pasa de los 17 años en 1623 a los 15 en 1683 (incluso con un caso de 12 años); el tamaño de las familias aumenta: de 23 fa-

---

[55] C. A. Rabell Romero, *La población novohispana a la luz de los registros parroquiales: avances y perspectivas de investigación*, México, 1984, p. 114.

[56] J. C. Garavaglia y J. C. Grosso, "El comportamiento demográfico de una parroquia poblana de la Colonia al México independiente: Tepeaca y su entorno agrario (1740-1850)", en *Historia Mexicana*, XXXV, 1986, núm. 4.

[57] Cf. N. Sánchez Albornoz, "Migración rural en los Andes. Sipesipe, 1645", en *Revista de Historia Económica*, I, 1983, núm. 1, pp. 13-36.

[58] Sancho de Paz Ponce de León, "Relación y descripción de los pueblos del Partido de Otavalo (1582)", en M. Jiménez de la Espada, *Relaciones geográficas de Indias, Perú*, vol. II, Madrid, 1965, pp. 240-241.

[59] N. Sánchez Albornoz, *La población de América... op. cit.*, p. 112. Para abundar en este problema de la composición de la familia en la demografía histórica de la América hispana, cf. R. Mellafe, "Tamaño de la familia en la historia de Latinoamérica (1562-1950)", *Revista Histórica*, IV, 1980, núm. 1, y E. González y R. Mellafe, "La función de la familia en la historia social hispanoamericana colonial", en *Anuario del Instituto de Investigaciones Históricas*, Universidad del Litoral, 8, 1965, pp. 56-71.

milias compuestas de una sola unidad en 1623, se baja a 19 familias en 1683 y, sobre todo, de cero familias de seis miembros en 1623, se encuentran cinco en 1683.[60]

Sería fácil añadir otros ejemplos,[61] pero es preferible insistir en los casos insólitos o los que muestran un aspecto opuesto al que acabo de indicar.

Un caso de este tipo es el de Yucatán. Aquí la población indígena presenta la siguiente evolución:[62]

| | | | |
|---|---|---|---|
| *1550* | 232 576 | *1643* | 209 188 |
| *1586* | 170 000 | *1666* | 108 060 |
| *1601* | 163 625 | *1688* | 99 060 |
| *1607* | 164 064 | *1700* | 130 000 |
| *1639* | 207 497 | | |

Así, después de un enfrenamiento de la caída, que se puede observar desde principios del siglo XVII, y una franca recuperación sucesiva, asistimos a una caída bastante importante. ¿Le atribuiríamos la responsabilidad a las epidemias y a las hambrunas? No lo creo; más bien creo en otro factor que M. C. García Bernal relega a un último lugar y que yo situaría en el primero: las migraciones, "causa permanente de despoblación". Volveré al tema más adelante.

Existen casos completamente negativos, como en Perú, donde la población indígena caería de 589 026 habitantes en 1620 a 401 111 en 1754;[63] en Colombia, en la provincia de Tunja, la población aborigen muestra una disminución de 44%[64] entre 1636 y 1756. De todas formas, es posible afirmar que a partir de la mitad del siglo XVII la población peruana "comienza a subir lentamente.[65]

---

[60] N. D. Cook, "La población indígena de Végueta, 1623-1783: un estudio del cambio en la población de la costa central del Perú en el siglo XVII", en *Historia y Cultura*, núm. 8, 1974, pp. 86-87.

[61] Para todos, cf. A. Rosenblatt, *La población indígena y el mestizaje en América*, Buenos Aires, 1954, vol. I, pp. 213-265, donde el autor reúne ejemplos "particulares" que son ciertamente más válidos que sus cuadros de conjunto.

[62] M. C. García Bernal, *Yucatán. Población y encomienda bajo los Austrias*, Sevilla, 1978, p. 163.

[63] N. Sánchez Albornoz, *La población de América...*, *op. cit.*, p. 113. Y cf. D. N. Cook, "La población indígena en el Perú colonial", en *Anuario del Instituto de Investigaciones Históricas*, Universidad Nacional del Litoral, núm. 8, 1965, y del mismo autor, *Demographic Collapse Indian Peru, 1520-1620*, Cambridge, 1981. Pero los trabajos de N. D. Cook nos dejan dudas, pues existe en ellos una constante confusión entre población "indígena" y población "tributaria": cf. C. Sempat Assadourian, "La despoblación indígena en Perú y Nueva España durante el siglo XVI, y la formación de la economía colonial", en *Historia Mexicana*, vol. XXXVIII, 1989, p. 441.

[64] N. Sánchez Albornoz, *La población de América... op. cit.*, p. 111.

[65] R. Mellafe, "Evoluzione del salario nel Viceregno del Perù", en *Rivista Storica Italiana*,

Pero ¿cómo podemos decir que hay un incremento en la población si las cifras nos indican lo contrario?

La primera pregunta que debemos plantearnos es la siguiente: ¿se trata verdaderamente de caídas? El problema es el siguiente: a partir del siglo XVII es casi imposible hablar (con excepción de las zonas muy apartadas), de población india sin tomar en cuenta a la población mestiza y a través de ella, también a la población blanca. ¿Caída de la población indígena en Perú? Sí, pero está compensada, por lo menos en parte, por el crecimiento de la población mestiza. El hecho es que si juzgamos el movimiento global de la población a partir del siglo XVII, tomando únicamente la "indígena", corremos el riesgo de caer en el error.

A partir de entonces intervienen otros factores: el crecimiento de la población blanca; la llegada de los esclavos negros; el mestizaje, (biológico o por aculturación) que hace sentir todo el peso de su fuerza. Como observa, con justeza, G. Kubler[66] "la composición de Perú es un proceso social y no biológico" (si bien esto se manifiesta con más certeza en el siglo XVIII, el proceso se empieza a gestar, sin duda alguna, en el XVII). Tratar de buscar la composición étnica peruana a partir del siglo XVII es una vana empresa, y esto se aplica a todo el espacio americano. Así, alrededor de 1660, asistimos a una emigración de habitantes de Comalaypa, región de Chiapas, hacia Guatemala, donde, como lo atestigua un documento de la época, "han corrompido su naturaleza degenerándose en mestizos".[67] Una "degeneración" que, por otra parte, no demanda necesariamente un cambio real por vía sexual sino a veces un simple cambio de nombre de familia. Por ejemplo, sería interesante saber qué pasó entre 1623 y 1683 en Végueta, situada en la costa de Perú. En este lugar en la primera fecha hay 67 familias con nombres indios y ocho con nombres españoles; 60 años más tarde, quedan tan sólo 23 con nombre indio y 43 con nombre español.[68] ¿Se trata verdaderamente de un mestizaje étnico o más bien de una simple adopción de nombres, es decir, de un mestizaje socio-cultural?

El documento relativo a la "degeneración" que acabo de citar me parece un punto de unión, dado que muestra con claridad dos fenó-

LXXVIII, 1966, núm. 2, p. 401, y cf. también R. Mellafe, "Problemas demográficos e historia colonial hispanoamericana", en AA. VV., *Temas de Historia Económica Hispanoamericana*, París, 1965.

[66] G. Kubler, *The Indian Caste of Peru*, Washington, 1952, p. 65.

[67] Citado por A. García de León, *Resistencia y utopía*, México, 1984, t. I, p. 66.

[68] N. D. Cook, "La población indígena de Végueta...", *op. cit.*, p. 89.

menos: la formación de un mestizaje por aculturación y otro elemento al cual es difícil darle un nombre, ponerle una etiqueta: se trata de la huida de miles y miles de indios hacia lugares recónditos, zonas de refugio, para escapar al pago de tributos y en general a la presión de los blancos. En 1683, el duque de la Palata, virrey del Perú, denunciaba claramente "la facilidad con que los naturales mudan sus domicilios retirándose a las ciudades y escondiéndose adonde nunca les alcance la noticia de sus caciques y gobernadores [...] para librarse por este medio de la obligación del vasallaje en el pago de tributos".[69] Y el duque de la Palata sabía de lo que hablaba, pues estaba al corriente de los movimientos de la población de las tierras altas centrales sometidas a las faenas mineras (Potosí, Huancavelica, etc.) hacia los valles interiores del Amazonas (de Chachapoyas o Cochabamba, Misque y Chuquisaca) y hacia los valles del litoral del Pacífico, donde se hacían inalcanzables para cualquier censo.

En resumen, cabe preguntarse si en lugar de hablar de contracción demográfica debemos hablar más bien de reducción de la masa tributaria.[70] La aparición de ese gigantesco fenómeno que se manifiesta en América a partir del siglo XVI, pero que verdaderamente se afirma en el XVII, no autoriza a optar por esta última explicación. Se trata del vagabundeo.[71] Miles de hombres errantes o que incluso cuando tienen una residencia estable escapan a cualquier tipo de control o de censo (la lengua española establece una útil distinción entre *vagabundo* y *vago;* el primero es el hombre errante y el segundo simplemente un "irregular" aunque permanezca "estable").

Estos indios que encontramos en determinado momento en una zona diferente a la de donde provienen (forasteros), cuando regresan, si es que lo hacen, son "reputados por mestizos".[72] Por otra parte, el fenómeno presenta dimensiones de tal importancia que más que de vagabundeo deberíamos hablar, en ciertas regiones, de verdaderos fenómenos migratorios.[73]

[69] Citado por N. Sánchez Albornoz, *La población de América, op. cit.,* p. 110.

[70] Cf. a este respecto, N. Sánchez Albornoz, "¿Contracción demográfica o disminución de la masa tributaria?", en *Indios y tributos en el Alto Perú,* Lima, 1978, pp. 19-34.

[71] Cf. N. F. Martín, *Los vagabundos en la Nueva España,* México, 1957. Pero sobre todo, véase el importantísimo artículo de M. Góngora, "Vagabondage et société en Amérique Latine", en *Annales E.S.C.,* XXI, 1966, pp. 159-177. Este artículo aparece en una nueva redacción enriquecida en M. Góngora, *Vagabundos y sociedad fronteriza en Chile (siglos XVII y XIX),* Cuadernos del Centro de Estudios Socioeconómicos, Facultad de Ciencias Económicas, Universidad de Chile, núm. 2, 1966.

[72] N. Sánchez Albornoz, *La población de América, op. cit.,* p. 115.

[73] Este conjunto de problemas referente a las emigraciones, huidas y movilidad ha llamado la atención de los historiadores: cf. N. Sánchez Albornoz, "Migración urbana y trabajo. Los indios de

Volvamos al "caso aberrante" de Yucatán del que ya hablé arriba. Observamos que entre 1643 y 1666 la población indígena pasa de 209 188 habitantes a 108 060. Casi la mitad de la población desaparece. Esta desaparición debe ser atribuida, sin lugar a dudas, en parte a la epidemia de fiebre amarilla (epidemia "nueva", "importada" de África y contra la cual la población indígena, al igual que la blanca, no tenía defensas) que entre 1648 y 1650 asoló a Yucatán. Pero, ¿son suficientes estos estragos para explicar la desaparición de casi 100 000 personas?

Nos cuesta trabajo creerlo si pensamos que en 1653 se logra recuperar a 22 000 indios que se habían escondido en las "zonas aún no sometidas al dominio español".[74] En esas condiciones, es difícil creer que verdaderamente hubo una pérdida demográfica tan importante en Yucatán como la que nos indican las cifras. Y el caso de esta región nos puede servir de lección para otros países de la América hispánica.

Por encima de lo que digan las cifras, hubo, pues, recuperación de la población indígena, ya fuera en forma *directa* (abiertamente indígena), "camuflada" (mestiza) o *escondida* (indios que desaparecen en la naturaleza).

¿Cómo fue posible esta recuperación? Existen varias razones.

1. Primero (si yo coloco en primer lugar esta consideración no significa que le conceda mayor importancia que a las otras), el hecho de que tuvo que crearse en la población indígena (el mestizaje debió ayudar

Arequipa", en *De historia e historiadores. Homenaje a José Luis Romero*, México, 1982, pp. 259-281, y del mismo autor, los artículos citados en las notas 57 y 64; J. Ortiz de la Tabla Ducasse, "Obrajes y obrajeros del Quito colonial", en *Anuario de Estudios Americanos*, XXXIX, 1982, pp. 347 y ss; N. M. Farris, *Maya Society under Colonial Rule*, Princeton, 1984, pp. 200 y ss.; I, Fernández Tejedo y F. Gresteau, "La movilidad de la población rural yucateca (1548-1643)", en *Historias*, núm. 13, abril-junio de 1986, pp. 27 y ss.; R. Mellafe, "The Importance of Migration in the Viceroyalty of Peru", en P. Deprez (comp.), *Population and Economics*, Proceedings of Section V (Historical Demography) of the Fourth Congress of the International Economic History Association, Bloomington, septiembre 9-14, 1968; A. Wightman, *Indigenous Migration and Social Change: The Forasteros of Cuzco, 1570-1720*, Duke, 1990; C. Sempat Assadourian, "La organización económica espacial del sistema colonial", en *El sistema de la economía colonial*, Lima, 1982; N. D. Cook, "Patrones de migración indígena en el Virreinato del Perú: mitayos, mingas y forasteros", en *Histórica*, XIII, 2, 1989; L. Glave, *Trajinantes: caminos indígenas en el Virreinato del Perú*, Lima, 1989. Pienso que los estudios más significativos que contienen un plano conceptual muy fino son los de Thierry Saignes. Entre sus numerosos trabajos, cf. *Los Andes orientales: historia de un olvido*, Cochabamba, 1985; *Caciques, Tribute and Migration in the Southern Andes. Indian Society and the 17th Century Colonial Order*, Londres, 1985; "Politique du recensement dans les Andes coloniales: décroissance tributaire ou mobilité indigène?", en *Histoire, Économie et Société*, 1987, núm. 4, París, pp. 435-468; "Parcours forains: l'enjeu des migrations internes dans les Indes coloniales", en *Cahiers des Amériques Latines*, 1987, núm. 6, París, pp. 33-58; "L'étude démographique comme outil d'analyse des stratégies paysannes d'accès aux ressources étagées: le cas des Andes orientales dans le système colonial", en J. Bourliaud, J. F. Dobrener y F. Vigny (comps.), *Sociétés rurales des Andes et de l'Himalaya*, Grenoble, 1990, pp. 197-202.

[74] M. C. García Bernal, *op. cit.*, p. 111.

al proceso) una cierta, relativa inmunización a las numerosas enfermedades, tales como gripa, viruela, tifoidea, etc., que trajeron los europeos.
¿Qué significa este fenómeno de inmunización? Que los enfermos que se
curan presentan una cierta inmunización y que ésta es transmisible. Así,
se ha visto que la viruela "detiene su difusión cuando la proporción de
inmunizados en la población alcanza 40%, y que se detiene con bastante
rapidez si esta proporción sobrepasa 60%".[75] Me parece, pues, que el
efecto producido por las diferentes epidemias que azotaron a la población americana fue menor que durante el siglo XVI. Por tanto, el problema no reside en establecer listas de epidemias que, según los cronistas,
se abatieron sobre el continente americano. El *número* de estas desgracias poco significa; es mucho más importante su *impacto* real, tomando
en cuenta los fenómenos de inmunización. Así, por ejemplo, en 1611-
1612 se dio en Lima una epidemia de difteria, pero no encontramos que
haya hecho huella profunda en la curva de decesos de la parroquia de
San Sebastián.[76] Es muy probable que en esta parroquia de población
mixta, y urbanizada desde hacía mucho tiempo, los factores de inmunización desempeñaran un papel importante.

2. Otra hipótesis que debemos tomar en cuenta es la siguiente. Ya
indiqué que durante el siglo XVI apareció entre la población un
"desgano vital". Ahora se trata de saber si en el siglo XVII se manifestó
una nueva voluntad de vivir y reproducirse, voluntad que podría haber
sido determinada por diversos factores:

*a)* de orden psicológico. En este caso puede haber una doble explicación; es decir, que hubiera intervenido una especie de resignación,
de aceptación de una condición dada y que la natalidad haya retomado fuerza de ese estado de resignación, o que, por lo contrario, ante
una situación de inferioridad, es posible imaginar que las masas indias
hayan tenido un impulso de vitalidad y que hayan tomado conciencia
de que una fuerte procreación es una forma de resistencia. Esta segunda explicación se reafirma, a mi entender, con el ejemplo de Perú, en
donde asistimos en el siglo XVII al resurgimiento de lo que Manuel
Burga llama la "utopía andina",[77] y que Marcello Carmagnani define,

[75] J. N. Biraben, *Les hommes et la peste…, op. cit.*, p. 130.

[76] Cf. C. Mazet, "Recherches historiques sur le Pérou: la population de Lima au XVIe-XVIIIe siècle:
parroquia de San Sebastián (1562-1689)", tesis de maestría en historia, Universidad de Niza, 1975
(mimeo.), p. 69.

[77] Cf. M. Burga, *Nacimiento de una utopía*, Lima, 1988, donde aparece de una manera bastante clara el nacimiento de esta "utopía" hacia mediados del siglo XVII como una especie de
respuesta de la "astucia" andina ante las persecuciones de aquellos que querían acabar con las
idolatrías. Y cf. también A. Flores Galindo, *Buscando un inca*, Lima, 1987.

refiriéndose a la región de Oaxaca, en México, como el "regreso de los dioses";[78]

*b)* de orden socioeconómico. Resumiré este factor de manera esquemática, pero volveré a él más adelante: la condición india debió mejorar durante el siglo XVII;

*c)* por otra parte, es posible que como consecuencia de lo que acabo de indicar, el estrés de la Conquista disminuyera o que, de todas maneras, se hayan acostumbrado y que las amenorreas, suponiendo que las haya habido, se detuvieran;

*d)* por último, es muy probable también, como me lo sugirió Nicolás Sánchez Albornoz en una comunicación personal, que la difusión del consumo de proteínas animales haya contribuido a una revitalización de las poblaciones indígenas.

Lo que quiera que haya sido, una cosa es indiscutible: la masa de la población de la América hispana bajó durante el siglo XVI y esto duró hasta mediados del XVII; a partir de ese momento, y en algunas zonas incluso antes, empezó a aumentar.

Si la caída del siglo XVI tuvo causas exógenas, traídas e impuestas por los blancos (el "filo de la espada", las epidemias, el excesivo trabajo, la desestructuración socioeconómica de la sociedad india, etc.), el impulso ascendente que tomó después sólo pudo darse por causas endógenas.

¿Es éste un caso únicamente americano? Si consideramos, por ejemplo, la caída de la población argelina después de la conquista francesa y su recuperación sucesiva, responderemos negativamente. Se trata de un fenómeno que podemos definir como "clásico". Es preciso pensar en un nuevo equilibrio en el cual las poblaciones locales encuentran un lugar, más o menos reconocido, que les permite tomar, dentro de ciertos límites, el control de un orden colonial; no son precisamente dueños, pero han aprendido a desempeñarse o por lo menos a defenderse y a escapar y, en fin, a aprovechar para su beneficio (relativo) un cierto número de mecanismos que estuvieron en su contra.

Es preciso, además, pensar que no son sólo las poblaciones india, mestiza-india y mestiza las que aumentan. Ahora es necesario empezar a tomar en consideración el aporte demográfico de las poblaciones africanas. Entre 1600 y 1700 se envían 292 500 esclavos a la América española (560 000 a Brasil), cifras bastante importantes. Pero se vuelven todavía más importantes si consideramos que en una gran mayoría

---

[78] M. Carmagnani, *El regreso de los dioses,* México, 1988.

eran hombres y mujeres muy jóvenes. Ahora bien, aunque no hubiera equilibrio de sexos en la población esclava e incluso aunque la tasa de natalidad entre ellos nunca hubiera sido elevada, estas cifras dieron lugar a un verdadero crecimiento vegetativo. A partir del siglo XVII se funda lo que Roger Bastide llamaba las "Américas negras".[79]

En cuanto a la América blanca, durante ese mismo largo siglo XVII se percibe un buen ritmo: ella, que durante el siglo XVI aumentó siempre, continúa su crecimiento vegetativo o alimentado por las llegadas de gente de Europa.[80]

Así pues, la población americana en su totalidad, dejando a un lado la variedad de pigmentaciones, muestra signos bastante claros de crecimiento a partir, digamos, de 1630-1650. Si la curva ascendente demográfica europea, hasta nuestros días, no empieza a dibujarse de una manera clara hasta mediados del siglo XVIII, en el caso de la América española[81] esta misma línea ascendente se muestra con un siglo de anterioridad.[82]

En síntesis, me parece que el siglo XVII americano muestra una tendencia de evolución demográfica al alza, en contraposición a la de Europa que, salvo algunas excepciones, es de estancamiento o de baja. Ésta es otra contracoyuntura sobre la cual conviene reflexionar.

[79] R. Bastide, *Les Amériques noires,* París, 1967.

[80] N. Sánchez Albornoz, *La población de América...,* *op. cit.,* pp. 117-119. Una de las razones para que el crecimiento vegetativo de la población blanca se frenara fue que una parte importante de ella era demográficamente "inerte": los religiosos. Pero sin temor a equivocarnos, podemos dudar de la total "inercia" sexual de los religiosos (véanse las denuncias de los obispos durante la época colonial).

[81] En el ámbito brasileño, podemos referirnos a M. Buescu y V. Tapajos, *Historia do desenvolvimento economico do Brasil,* Río de Janeiro, 1969. Los dos autores proponen varias hipótesis, quizá un poco aventuradas, pero muy estimulantes. Aun cuando los datos demográficos que proporcionan son muy discutibles (no es posible creer que en 1690 hubiera un total de 300 000 habitantes), la verdad es que introducen una variable de gran interés al destacar (p. 67) que la superficie ocupada por el país llamado Brasil varía de 25 800 km² en 1600 a 110 700 en 1700 y a 324 000 en 1800 (hablabando en porcentajes de la superficie actual de Brasil, esto nos da para las tres fechas mencionadas 0.3%, 1.3% y 3.8%, respectivamente). Encuentro que aunque este planteamiento es particularmente interesante, repito, sus resultados actuales no son satisfactorios cuando se observa la mediocre calidad de los datos demográficos.

[82] Es preciso subrayar que el número de arzobispados y de diócesis pasa de tres y 28 a fines del siglo XVI, a 4 y 34 un siglo más tarde, respectivamente. Esto constituye una prueba complementaria y de conjunto del aumento de la pobación: cf. G. Céspedes del Castillo, *Las Indias...,* *op. cit.,* pp. 484-485.

## II. EL MUNDO DE LA PRODUCCIÓN

CÓMO ABARCAR en sus dimensiones reales un hecho tan vasto como la agricultura europea? No faltan obras de síntesis que tratan este tema en los diferentes países.[1] Así, disponemos de una gran historia "nacional" de la agricultura en Alemania, Inglaterra y Holanda. Para el conjunto del continente europeo contamos con las obras de carácter "general" de dos grandes historiadores: B. Slicher van Bath[2] y W. Abel.[3]

Salvo en muy raras excepciones, casi toda esta bibliografía nos proporciona conclusiones siempre vagas. Esto no proviene de una falta de calidad científica de los autores, sino de la complejidad propia del tema, misma que se revela en el trabajo de B. Slicher van Bath, en el que, para explicar las fases de expansión y contracción de la vida agrícola, determina la existencia de 13 factores constantes y 60 variables en el caso de los periodos largos y 55 constantes y 18 variables para el de los periodos cortos.

En el caso del problema de la crisis del siglo XVII, quisiera partir exactamente de dos páginas de Slicher van Bath (véase cuadro II.1).

La conclusión que podemos sacar respecto del siglo XVII (B. Slicher van Bath duda, en cuanto a la fecha del inicio, entre 1600 y 1650) es que existe una "crisis" (el mismo van Bath prefiere hablar de "depresión de duración insólita"),[4] opinión que confirma W. Abel, para quien "a principios del siglo XVII la expansión secular de la agricultura se rom-

---

[1] Pero son de diferente calidad. Veamos dos grandes ejemplos: el de G. Franz (comp.), *Deutsche Agrargeschichte*, 6, vols. Stuttgart, 1963-1984 (para el propósito de este ensayo, cf. en especial el vol. II de W. Abel, *Geschichte der Deutschen Landwirtschaft von frühen Mittelalter bis zum 19. Jahrhundert*, Stuttgart, 1978, y la obra de J. Thirsk (comp.), *The Agrarian History of England and Wales*, 8 vols., Cambridge, 1976-1989 (para el periodo tratado aquí cf. los vols, IV, V y VI). Obra excelente la de J. de Vries, *The Dutch Rural Economy in the Golden Age*, New Haven, 1974. Para el caso de España habría que añadir el importante ensayo de A. García Sanz, "El sector agrario durante el siglo XVII: depresión y reajustes", en *Historia de España Menéndez Pidal*, t. XXIII, Madrid, 1989, pp. 119-253, y del mismo autor, el extenso *Estudio preliminar* a Lope de Deza, *Gobierno político de agricultura (1618)*, Madrid, 1991, pp. VII-XLIV. *Exemplum ad deterrendum:* G. Duby y A. Wallon, *Histoire de la France rurale*, 4 vols, París 1975-1977.

[2] B. Slicher van Bath, *De agrarische geschiedenis van West-Europa (500-1850)*, Utrecht-Amberes, 1962.

[3] Abel, *Agrarkrisen...*, op. cit.

[4] Slicher van Bath, *De agrarische geschiedenis...*, op. cit., p. 227.

| Expansión | Contracción |
|---|---|
| *Periodos* | *Periodos* |
| Época carolingia | siglos IX-X |
| siglo XI-principios del XIV | principios del siglo XIV-fines del XV |
| fin del siglo XV-1600 o 1650 | 1600 0 1650-1750. |
| 1750-1818. | |

*Carácter de expansión*
*agrícola*

*Carácter de contracción*
*agrícola*

| | |
|---|---|
| Los precios de los cereales suben en comparación con los precios de los otros productos y de los salarios: tasas de intercambio favorables para los cereales. | Los precios de los cereales bajan en comparación con los precios de los otros productos y de los salarios; tasas de intercambios desfavorables para los cereales. |

*Fenómenos económicos*
*y sociales*

*Fenómenos económicos*
*y sociales*

1.

1. El periodo de contracción agrícola no constituye una crisis total. La crisis incumbe sólo a los cereales, lo cual no es óbice para que haya prosperidad en otros sectores de la economía.

2.

2. No hay crisis súbita en el paso de la expansión a la contracción; la crisis no atañe, pues, al mismo tiempo a todos los países; los países productores y exportadores se ven afectados más rápida y bruscamente que los países importadores; contraste entre los países agrícolas y los países industriales y comerciales; posición difícil para los países exportadores de cereales (países del Báltico); posición favorable para los países importadores de cereales (Países Bajos).

3.

3. Fluctuaciones marcadas de los precios de los cereales.

4. Descenso de los salarios reales.

4. Aumento de los salarios reales.

5. Los salarios de los obreros cali-

5. Los salarios de los peones son rela-

ficados son relativamente más altos que los de los peones.

6. Aumento de los arrendamientos.
7. Situación financiera favorable de los arrendatarios propietarios.
8. Diferenciación social creciente en la estratificación de la población rural: prolongación de la escala social hacia la clase baja.
9. Aumento del número de pequeños arrendatarios.
10. Nacimiento del proletariado rural sin tierras de cultivo.
11. A veces, paso de la industria a la agricultura.
12.

tivamente más altos que los de los obreros calificados.

6. Descenso en los arrendamientos.
7. Situación financiera desfavorable para los arrendadores propietarios.
8. Disminución de la escala social
9. Disminución del número de pequeños arrendatarios.
10.
11. Nacimiento de la industria rural, especialmente la textil.
12. Uso de los cereales con fin industrial; cervecerías, destilerías, fabricación de almidón, etcétera.

*Fenómenos agrícolas*

13. Aumento de la superficie cultivable por desmonte, nuevos polders, turberas.

14.
15. Alza de factores de rendimiento.

16. Transición de la ganadería al cultivo: los prados de siega y pastizales que vuelven a ser tierras de cultivo.
17.

18.


19.




20. Disminución de los viñedos.
21.

*Fenómenos agrícolas*

13. Disminución de la superficie cultivable, tierras de cultivo no explotadas, pueblos abandonados *(Wüstungen)*, inundaciones.
14. Erosión, arenas movedizas.
15. Baja de los factores de rendimiento.
16. Transición del cultivo de tierras a la ganadería: tierras de cultivo transformadas en pastizales y tierras de siega.
17. Aumento de forrajes para el ganado.
18. Aumento de la producción de cereales baratos (cebada, avena, alforfón).
19. Aumento del cultivo de vegetales que exigen trabajo intensivo; aumento del cultivo de plantas comerciales (lino, lúpulo, colza, granza, etcétera).
20. Aumento de los viñedos.
21. Aumento de la cría de borrego, creciente producción de lana.

CUADRO II.1. *Esquema... (final)*

| | |
|---|---|
| 22. Fertilización abundante: se compran abonos; enmargado. | 22. No se compran abonos para el cultivo de cereales; no hay enmargado. |
| 23. Cantidades de nuevos materiales utilizados en el campo (aperos y maquinaria agrícola); materiales nuevos, especialmente para el cultivo de cereales: el propósito de usar nuevos materiales es aumentar la producción (arados, material para el cultivo de surcos). | 23. No hay muchos materiales nuevos en uso (aperos, maquinaria agrícola); nuevos materiales, especialmente para la transformación de los productos lácteos y la conservación del forraje; el propósito de estos nuevos materiales es la transformación rápida de la producción (poda). |
| 24. Disminución de parcela agrícola. | 24. Las áreas agrícolas explotadas aumentan. |
| 25. La lotificación de las parcelas agrícolas se hace más pequeña | 25. |
| 26. Nuevos libros sobre la agricultura. | 26. Reimpresión de viejos libros sobre agricultura. |

pe bruscamente".[5] Pero, y he aquí la principal pregunta, ¿es esta crisis o depresión, como se le quiera llamar, común en toda Europa o sólo en determinadas regiones? Dar una respuesta categórica es difícil.

En lo que se refiere a los factores de rendimiento (relación siembra/cosecha) la evolución en conjunto se presenta como sigue:[6]

| Periodo | Zona I[a] | | Zona II | | Zona III | | Zona IV | |
|---|---|---|---|---|---|---|---|---|
| | N[b] | YR | N | YR | N | YR | N | YR |
| 1500-1549 | 15 | 7.4 | 16 | 6.7 | 32 | 4.0 | 36 | 3.9 |
| 1550-1599 | 17 | 7.3 | — | — | 87 | 4.4 | 1 531 | 4.3 |
| 1600-1649 | 55 | 6.7 | — | — | 142 | 4.5 | 823 | 4.0 |
| 1650-1699 | 25 | 9.3 | 12 | 6.2 | 120 | 4.1 | 1 112 | 3.8 |
| 1700-1749 | — | — | 125 | 6.3 | 32 | 4.1 | 820 | 3.5 |
| 1750-1799 | 506 | 10.1 | 181 | 7.0 | 578 | 5.1 | 2 777 | 4.7 |
| 1800-1820 | 157 | 11.1 | 192 | 6.2 | 195 | 5.4 | — | — |

[a] Zona I: Inglaterra, Países Bajos; Zona II: Francia, España, Italia; Zona III: Alemania, Suiza, Escandinavia; Zona IV: Rusia, Polonia, Checoslovaquia, Hungría.

[b] N= número; YR= factores de rendimiento

[5] Abel, *Agrarkrisen...*, *op. cit.*, p. 142.

[6] B. Slicher van Bath, "Agriculture in the Vital Revolution, en *The Cambridge Economic History of Cambridge*, vol. IV, Cambridge, 1977, p. 81.

Es difícil sacar conclusiones precisas de estas cifras dado que es escaso el número de casos que nos ofrece la documentación. Aclarado esto, es difícil imputar a un simple efecto del caso el hecho de que durante el periodo que nos interesa sólo la Zona I (Inglaterra y Países Bajos) acuse un incremento.

Aun cuando el fenómeno de abandono de las tierras (Flurwüstungen),[7] se presenta con diferentes intensidades en los distintos países, no deja de ser general (con las excepciones de Inglaterra y Holanda), y así lo vimos en el capítulo I. Vemos que en casi toda Europa se da el fenómeno de la conversión de tierras de cultivo en pastizales (salvo en Inglaterra y Frisia, donde se dan más bien fenómenos inversos);[8] pero también observamos cambios que podemos calificar de "positivos", entre ellos, la conversión de tierras cerealeras en tierras destinadas al cultivo de plantas "industriales" (lino, lúpulo, glasto, cáñamo, etc.). Estas modificaciones se pueden comprobar esencialmente en regiones como Hertz, Erfurt, Holanda, quedando excluido (o casi) cualquier otro país de Europa. Este fenómeno es interesante pues, de hecho, nos encontramos ante una especie de respuesta a la crisis. Otra respuesta, pero en otro aspecto, es el caso de Inglaterra, donde el

> aumento del poder de compra de los productos animales, en especial lana y mantequilla, en relación con los cereales, favoreció el cultivo de plantas forrajeras [...]. El cultivo de plantas forrajeras hacía posible mantener rebaños más numerosos, lo que a su vez representaba una mayor cantidad de estiércol (abono) sin el cual hubiera sido imposible aumentar los rendimientos.[9]

Insisto: incluso en países donde se presenta la crisis general, podemos encontrar manifestaciones de cambio, de mejoras, de innovaciones. Aquí se afirma el cultivo del maíz (por ejemplo en Friul y en el Veneto); allá el de lúpulo, que significa la creación o el fortalecimiento de la industria cervecera; acullá el precio de la carne da muestras de recuperación, pero el hecho fundamental es que estas manifestaciones no compensan la caída de los demás indicadores. Insistir en los primeros para escamotear los segundos no es "matizar", "precisar", sino simplemente escamotear la crisis agrícola que arrasa a Europa

---

[7] B. Slicher van Bath, "Les problèmes fondamentaux de la société préindustrielle en Europe occidentale", en Afdeling Agrarische Geschiedenis, 12, 196, p. 33.

[8] Ibid., p. 33.

[9] P. Kriedte, Spätfeudalismus... op. cit., p. 87.

durante el siglo XVII (con las excepciones que he señalado). Querámoslo o no, el cuadro de conjunto es verdaderamente sombrío para algunos países. Por ejemplo, en Bélgica, entre 1650 y 1750, "se dieron más regresiones que adelantos".[10] En Francia, las finas observaciones de J. Jacquart, aunque contienen muchos matices, nos llevan a reconocer una "inercia secular".[11] En Italia se observa entre los siglos XVII y XVIII "procesos de degradación y disgregación del paisaje agrario...",[12] y respecto de España,[13] Alemania[14] y Polonia[15] observamos algo semejante. En lo que se refiere a Europa en general, podemos, pues, hacer nuestro el juicio de J. Jacquart: "la agricultura del siglo XVII ofrece resultados menos brillantes que el siglo anterior y el fin del siglo está marcado por un sensible desplome general. Habría que hablar más bien de una falta de aptitud para el crecimiento nominal, de una inercia de las capacidades productivas".[16] Pero no sigamos con esta lista que podría ser interminable y que afianzaría nuestra convicción en cuanto a la crisis, misma que por otra parte también se confirma con otro hecho. Todos los historiadores concuerdan en reconocer que la Europa oriental, a partir del siglo XVII, vuelve a conocer lo que es una "segunda servidumbre". Esto, por no hablar de Polonia o de Alemania oriental, donde como ha subrayado W. Abel, "después de la guerra de Treinta Años [la condición campesina] fue todavía más sometida dado que se impuso la servidumbre hereditaria".[17]

El acuerdo historiográfico se detiene ahí, pues en el resto de Europa se observa una estabilización, incluso una mejoría, de la clase campesina. Ahora bien, después de una serie de estudios particulares que jamás se han discutido (lo que se llama discutir) sino simplemente rechazado, creo que es posible hablar de una consolidación de los poderes de los señores, o lo que es lo mismo, de los derechos feudales.

Recientemente, D. Sella, en su libro *L'economia lombarda durante la dominazione spagnola*,[18] volvió a traer a discusión el concepto (y el hecho) de la refeudalización en Lombardía durante el siglo XVII. Los

[10] H. Van Houtte, *Histoire économique de la Belgique à la fin de l'Ancien Régime*, 1920, p. 403.

[11] J. Jacquart en su contribución a P. Léon (comp.), *Histoire économique et sociale du monde*, vol. 2, París, 1978, p. 350.

[12] E. Sereni, *Storia del paesaggio agrario italiano*, Bari, 1961, p. 224.

[13] J. Vicens Vives, *Manual de historia económica de España,* Barcelona, pp. 373 y ss.

[14] W. Abel, *Geschichte der Deutschen... op. cit.,* p. 272.

[15] J. Topolski, "La regression économique en Pologne du XVIe au XVIIe siècle", en *Acta Poloniae Historica*, VII, 1962, pp. 28-49.

[16] J. Jacquart, *op. cit.,* p. 362.

[17] W. Abel, *Agrarkrisen...,* p. 173.

[18] Bolonia, 1982.

argumentos y la documentación que nos ofrece son indiscutiblemente serios, pero no parecen ser determinantes. El hecho de que haya encontrado campesinos que dicen estar preparados (e incluso felices) para ser sometidos al régimen feudal no quiere decir mucho. Sería preciso conocer en qué contexto (presiones de toda índole, intereses muy particulares, etc.) se dieron esas declaraciones de los campesinos; pero el punto más importante no es éste. En mi opinión, D. Sella no tiene una visión clara de las características del feudalismo económico. Estoy de acuerdo con el hecho de que "el feudalismo en la Lombardía española tuvo un carácter esencialmente fiscal" (p. 285), pero esto es un rasgo común en muchos feudalismos de diversos periodos históricos y no le quita nada a la torpeza del sistema. Un sistema que D. Sella aplasta cuando dice:

> lo que tocaba al feudatario era el derecho de administrar la justicia, de percibir un número *limitado* [las cursivas son mías] de contribuciones bien especificadas, y de *exigir un impuesto para el ejercicio de algunos servicios públicos* [las cursivas son mías] como el molino, el horno para cocer el pan, o la taberna (pp. 271-272).

Evidentemente, si reducimos los derechos feudales a "servicios públicos", el estar o no enfeudados no representa ninguna diferencia, pero es conveniente recordar que lo que constituyó uno de los elementos fundamentales de la lucha antifeudal fue precisamente la lucha de los campesinos para tener el derecho de moler por su cuenta en "molinos manuales", para no depender del "servicio público" del molino del señor, de lo cual hablaré más adelante.

Por supuesto, la consolidación de la *Gutsherrschaft,* es decir, la posesión en plena propiedad, es un fenómeno característico de Alemania oriental y de la Europa oriental en general. Pero esto no es una razón para olvidar que un sistema feudal se distingue también por la *Grundesherrschaft* (posesión basada en la renta, ya sea en dinero o en especie). Quizá no se quiera llamar a esto refeudalización; posiblemente se prefiera decir "reacción señorial", expresión que emplea Marc Bloch;[19] pero confieso que no comprendo dónde está la diferencia. Y puesto que ha sido la historiografía francesa la que especialmente ha insistido en esa diferenciación, vale la pena volver al caso de Francia. Observaremos, para empezar, que una vez reconocida por lo

---

[19] M. Bloch, *Les caractères originaux de l'histoire rurale française,* París, t. I, 1960, pp. 31 y ss.

menos la reacción señorial, los hechos acaban por imponerse. Por ejemplo, los campesinos tratan de escapar a la servidumbre que les impone la obligación de servir los molinos señoriales recurriendo a molinos manuales, y esto después de la Edad Media: "el resurgimiento de la lucha, con mayores medios, fue uno de los aspectos de esta 'reacción señorial' de los siglos XVII y XVIII que encontró una ayuda tan eficaz en los grandes cuerpos de justicia, ciudadela de los privilegiados".[20] Así pues, los Parlamentos y otras grandes instituciones de justicia están al servicio de los "privilegiados" para la defensa de un derecho señorial. Pero ¿por qué en el siglo XVII sería "señorial" un derecho que, dentro de la terminología correctamente feudal, es simplemente "banal" y al que tratándose de la Edad Media se le reconoce una naturaleza "feudal"?

La única objeción válida que he podido obtener respecto de esta palabra (y de este problema), refeudalización, es la de Horst Pietschmann quien, en una comunicación personal me hizo observar que en el feudalismo clásico encontramos vínculos sociales horizontales y verticales mientras que en el siglo XVII desaparecen los últimos, lo cual reconozco y acepto; pero la ausencia de los vínculos verticales no aporta nada a este nuevo feudalismo *en el aspecto económico*.

Mucho se ha dicho sobre las adquisiciones de tierras, un pedazo de tierra tras otro, hasta formar las grandes propiedades que nos apresuramos a llamar "burguesas", pero olvidamos que en el siglo XVII "lo que recreó *en manos de los señores* [las cursivas son mías] la gran explotación de la tierra fue esa acumulación lenta de tierras".[21] Y olvidamos que en lo que se refiere a las compras efectuadas por comerciantes, notarios y otros burgueses,

la tradición de esas adquisiciones de tierras en las familias de la alta burguesía persiste en los siglos XVII y XVIII. Se implanta en las familias nobles. Agregar prados a tierra labrada y viñedos a bosques es para el comerciante enriquecido una forma de asegurar la fortuna de su descendencia sobre bases más firmes que los avatares del comercio [...]. Es también una forma de aumentar el prestigio de la descendencia: la conquista del suelo y de los *derechos señoriales que tarde o temprano se añaden a ésta* [las cursivas son mías] concede la consideración y prepara para el ennoblecimiento.[22]

[20] M. Bloch, "Réflexions sur l'histoire des techniques", en *Annales d'Histoire Économique et Sociale*, VII, 1935, núm. 36, pp. 556-557.

[21] M. Bloch, *Les caractères...*, *op. cit.*, p. 141.

[22] *Ibid.*, p. 143.

Ahora bien, "el señor ha cerrado vigorosamente el haz de los tributos. Generalmente recién llegado, se siente absolutamente el amo".[23]

¿Es esto una reacción señorial o una reacción feudal? No entremos en demasiadas polémicas. Limitémonos a recordar que el propio Marc Bloch habló de "reacción feudal" refiriéndose al siglo XVII,[24] lapsus muy significativo que no se opone a que la expresión aparezca entre comillas. Marc Bloch también escribía "reacción señorial" entre comillas. Lo que nos queda y que nada puede desmentir es esta sencilla verdad: en Francia, hasta fines del siglo XVII, "el rey, la nobleza y el clero siempre poseían el *dominium directum,* es decir, el derecho de propiedad soberana sobre todos los bienes del suelo y de ahí derivan la jurisdicción y el derecho de diversos impuestos y servicios".[25] Hacer de lado cosas tan fundamentales como éstas significa olvidar que es en el siglo XVII cuando se afianzan en toda Francia los servicios extraordinarios (reconstruir el castillo arrasado por las llamas, construir caminos, canales, puentes, etc.).[26] Esto significa olvidar que los señores ejercen cada vez con más fuerza la jurisdicción señorial y que a ellos compete la investigación judicial en todos los casos que se refieran a la relación entre campesinos y señores.[27]

Sé muy bien que existían diferencias regionales; que la situación en Bretaña y en Auvernia es más grave que en Maine o en Normandía. Reconozco también sin temor que hay una diferencia entre lo que sucede al este del Elba y el oeste de este río. En el este, el señor puede jugarse a las cartas a sus campesinos y hacer de ellos un verdadero comercio o darlos como prenda de sus deudas (así sucedió en Brandenburgo, Mecklenburgo, Schleswig-Holstein, etc.).[28] Pero las diferencias no deben ser motivo para perder de vista el punto fundamental: la acumulación (feudal, no capitalista, dado que también existe una acumulación feudal) no se realiza únicamente por el juego de los precios y de la población; de la producción y de las monedas, sino por todos esos factores y otros más, como impuestos, precio de la tierra... y también y sobre todo, por la renta de tierras, la productividad del trabajo y la exacción feudal. Así pues, el estancamiento (e incluso

---

[23] *Ibid.,* p. 153.

[24] M. Bloch, "Justices seigneuriales d'Ancien Régime", en *Annales d'Histoire Économique et Sociale,* VII, 1935, núm. 36, p. 514.

[25] J. M. Kulischer, *Allgemeine Wirtschaftsgeschichte des Mittelalters und Neuzeit,* Munich-Berlín, 2 vols., 1928-1929 (cito a partir de la traducción italiana, Florencia, 1955, vol. 2, p. 114).

[26] *Ibid.,* p. 123.

[27] *Ibid.,* p. 124.

[28] *Ibid.,* p. 143.

al retroceso de la productividad) corresponde una reafirmación de la exacción feudal.[29]

¿Sucede esto en toda Europa? No lo creo. Evidentemente hubo una excepción: Inglaterra (y parcialmente, por otras razones, Holanda), donde "se notaban desde hacía algún tiempo señales de la revolución agraria que a partir de mediados del siglo XVII se multiplicaron".[30] ¿Cuáles fueron estas señales? No sólo se afirma progresivamente[31] el sistema de locación de las grandes propiedades, sino también el aumento del mercado interior[32] y el hecho de que la agricultura inglesa cumple con su evolución (¿revolución?) apoyándose en grandes modificaciones de la producción industrial y sobre todo integrándose a ellas.[33]

Para comprender esta serie de fenómenos, es conveniente dar marcha atrás unos cuantos siglos. Es preciso volver a la crisis del siglo XIV y a su conclusión. La crisis que azotó a toda Europa no afectó por igual a todos los países. Al final de la crisis, digamos a mediados del siglo XV, el poder feudal en Inglaterra empezó a perder una buena parte de sus garras: fuera de ella todavía es fuerte y es completamente normal que la "revolución burguesa" de 1640-1649 haya tenido lugar en Inglaterra y no en otra parte, pues en otra parte *no hubiera podido* darse.[34] Fuera de ella no podía haber más que una "refeudalización". Si no nos gusta esta palabra, propongo, y lo digo en serio, que hablemos de "neofeudalismo" (*feudal revival* como dice B. Slicher van Bath).[35]

¿Y qué podemos decir de la "producción industrial"? Empecemos por destacar que, afortunadamente, han acabado los tiempos en que se

[29] A este resepcto, cf. G. Bois, "Sur le mouvement de longue durée en économie féodale", en J. Goy y E. Le Roy Ladurie (comps.), *Prestations paysannes, dîmes, rente et mouvement de la production agricole à l'époque préindustrielle*, París-La Haya, vol. 2, pp. 503-505, y del mismo autor cf. el gran libro *Crise du féodalisme*, París, 1976.

[30] E. Hobsbawm, "The Crisis of the Seventeenth Century", en T. Aston (comp.), *Crisis in Europe...*, *op. cit.*, p. 33. En el libro de S. Pollard y A. W. Crossley, *The Wealth of Britain*, Londres, 1968, pp. 125-134, el lector encontrará páginas muy bellas sobre el "beginning of expansión" en la agricultura inglesa en el siglo XVII.

[31] J. M. Kulischer, *Allgemeine Wirtschaftsgeschichte...*, *op. cit.*, p. 113.

[32] E. Hobsbawm, *The Crisis...*, *op. cit.* p. 44.

[33] *Ibid.*, pp. 23-24.

[34] Me voy a permitir recordar una verdad banal. Los derechos feudales se suprimieron por toda Europa a punta de bayoneta, durante los años noventa del siglo XVIII, en los Países Bajos, en Italia, en Suiza, en Alemania... Permítaseme recordar también que los derechos feudales se suprimieron en Francia entre 1789 y 1791. A quienes lo hayan olvidado les recomiendo ampliamente la lectura de Ph. Sagnac y P. Caron, *Le comité des droits féodaux et de législation et l'abolition du régime seigneurial*, París, 1906. Estoy consciente de que se trata de un libro antiguo pero creo que vale más que las "nuevas historias".

[35] B. Slicher van Bath, *Agriculture in the Vital Revolution...*, *op. cit.*, p. 113.

hablaba de industria ante el primer tejedor florentino o flamenco que llegara. Aparece una nueva[36] categoría que nos permite razonar de una manera más clara y simple: la protoindustrialización.[37] Una vez hecha esta aclaración, tratemos de ver lo que sucedió en Europa en el aspecto de la producción de bienes no agrícolas. Comencemos por los textiles. El derrumbe es total en casi todas las ciudades. La antigua "industria" textil desaparece tanto en Venecia,[38] como en Milán,[39] en Segovia,[40] en Augsburgo,[41] en Florencia,[42] en Beauvais,[43] etc. Cierto es que se podría aseverar que esas caídas de la producción urbana fueron compensadas por la que se desarrollaría en las pequeñas ciudades y en el campo. En parte esto es verdad, pero solamente en parte, y podemos comprobarlo en el caso de Florencia y de la Toscana.

Consideremos las cifras de abajo sin tomar en cuenta las 100 000 piezas de tela que, según testimonio de G. Villani, se produjeron en 1300 en la ciudad de Florencia.[44]

Ahora bien, en 1670, la producción total del Gran Ducado de Tos-

| Periodo | Piezas de paño | Periodo | Piezas de paño |
|---------|----------------|---------|----------------|
| 1527 | 18 500 | 1615-1619 | 7 600 |
| 1550-1560 | 16 000 | 1620-1629 | 9 000 |
| 1560-1572 | 30 000 | 1630-1645 | 6 200 |
| 1589-1599 | 13 750 | 1717-1724 | 1 590 |
| 1600-1610 | 13 000 | 1763-1778 | 2 930 |

[36] No se debe confundir protoindustrialización con la industria casera *(Verlagsystem)*. Volveré a ello más adelante.

[37] Cf. en especial F. Mendels, "Proto-industrialisation: The First Phase of Industrialisation Process", en *The Journal of Economic History,* vol. 32, 1972, pp. 214-216, y P. Kriedte, H. Medick y J. Schlumböhm, *Industrialisierung vor der Industrialisierung,* Gotinga, 1977. Es gratificante constatar que en este importante trabajo se le da el lugar que le corresponde a los grandes "viejos" del siglo XIX y de principio del XX, como son Sombart (1891), Schmoller (1890), Tugan-Baranovsky (1900), Tarlé (1910), Sée (1923), Kulischer (1929) y tantos otros más (personalmente siento la ausencia de G. Luzatto). Esto demuestra, si es que necesita demostración, que para hacer la historia *nueva* no basta con recurrir a fórmulas vacías.

[38] D. Sella, *Commerci e industrie a Venezia nel secolo XVII,* Venecia-Roma, 1961, pp. 117-122.

[39] Cf. C. Santoro, *Matricola dei mercanti di lana sottile di Milano,* Milán, 1940, p. 109.

[40] H. Kellenbenz, "The Organization of Industrial Production", en *The Cambridge Modern History,* vol. V. Cambridge, 1977, pp. 516-517.

[41] P. Kriedte, *Spätfeudalismus...,* op. cit., pp. 99-100.

[42] P. Malanima, *La decadenza di un'economia cittadina. L'industria di Firenze nei secoli XVI-XVII,* Bolonia, 1982, pp. 290-305.

[43] P. Goubert, *Beauvais et le beauvaisis de 1600 à 1730,* París, 1960, p. 585.

[44] P. Malanima, *La decadenza... op. cit.,* p. 395.

cana apenas alcanzaba las 8 750 piezas de tela.[45] Es evidente que la producción "campesina" no logra compensar la caída florentina.

Así pues, hubo contracción de la producción textil por todas partes. ¿Por todas partes? Sí, si hablamos de la *vieja* fabricación de paños, que en el mejor de los casos puede tan sólo presentar ejemplos de resistencia. La novedad reside en la aparición de un nuevo tipo de fabricación de telas en algunas regiones.[46] Aparentemente este fenómeno no es original. Ya en los siglos xiv y xv se tienen noticias de centros rurales que se dedican a actividades textiles aprovechando las dificultades por las que pasan los grandes centros urbanos, pero este fenómeno se reabsorbió y todo volvió al orden: la actividad textil en el siglo xvi volvió a ser, desde el punto de vista estructural, más o menos lo que fue a principios del siglo xiv.

Ahora, en cambio, lo que va a suceder dejará huellas profundas en el engranaje económico europeo. ¿Un ejemplo? Italia deja de exportar sus telas de buena, de excelente, calidad y comienza a importar la *new drapery* inglesa.[47] ¿Qué fue lo que exactamente sucedió y dónde?

La enorme desestructuración del campesinado creó en general una disponibilidad de mano de obra barata que además estaba situada fuera de las rigurosas limitaciones corporativas que imperaban en las ciudades. Se tuvo, y se explotó con gran efectividad, la posibilidad de volver a la antigua industria rural. Sin embargo, aquí las cosas empiezan a diferenciarse por regiones: aunque se puede recurrir, aquí y allá, a la industria rural, en ciertos casos ésta transformará su estructura para convertirse en protoindustrialización, y en otros, la antigua industria urbana la recuperará más tarde (en el siglo xviii).

Pero vayamos por orden. Primero, en ciertos lugares, sobre todo en Holanda, se registran casos de resistencia de la actividad textil urbana. Tomemos la ciudad de Leiden con base en la monumental obra de N. W. Posthumus.[48] En este caso la *vieja* fábrica de paños, es decir, de telas de lana *(laken)*, resiste muy bien: el valor de su producción, que en 1630 representa 27% del valor del producto total, pasa a 71%

[45] P. Malanima, *Il lusso dei contradini. Consumi e industrie nelle campagne toscan del Sei e Settecento*, Bolonia, 1990, p. 191.

[46] Cf. en especial, D. C. Coleman, "An Innovation and its Diffusion: The New Draperies", en *Economic History Review*, XXII, 1969, y Ch. Wilson, "Cloth Production and International Competition in the Seventeenth Century", en *Economic History Review*, XIII, 1960-1961.

[47] Cf. R. T. Rapp, "The Unmaking of the Mediterranean Trade Hegemony: International Trade Rivalry and the Commercial Revolution", en *Journal of Economic History*, XXXV, 1975.

[48] N. W. Posthumus, *De Geschiedenis van de Leidsche Lakenindustrie*, La Haya, 1939, vol. 2, pp. 930 y ss., y 941, y vol. 3, p. 1098.

en 1701. Por lo contrario, la fabricación de nuevas telas que representaba en 1630 97.3% del valor total, caerá en 1701 a 28.9%. Con esto, podríamos creer que el éxito del nuevo proceso de fabricación de telas es nulo. Sin discutir el fracaso, es preciso sin embargo destacar que un producto (los camelotes hechos con piel de camello y de cabra) no solamente se mantiene sino que a pesar de la caída de la *nueva* fabricación de telas aumenta la cantidad y el valor de su producción.[49]

Pertinente, como siempre, el caso holandés nos demuestra que todavía era posible sobrevivir (a pesar de la "crisis" y dentro de la "crisis") a "lo antiguo" (es decir, una producción industrial basada todavía esencialmente en el capital comercial) e incluso que marchara muy bien. Este caso de *crecimiento* holandés es todavía más interesante si se compara con el caso inglés en el que asistimos, en cambio, a la instalación de premisas de un verdadero *desarrollo*. En Inglaterra aparecían numerosas novedades. Aquí la *antigua* manera de hacer telas desaparece rápidamente para dar lugar a la *nueva*. Es, pues, un proceso inverso al que hemos observado en Leiden. Pero el porvenir está reservado al modelo inglés,[50] no sólo porque se toma una opción a plazo más largo sino porque las condiciones de conjunto a partir de ese momento van a ser diferentes. Basta con un solo ejemplo: a mediados del siglo XVII se inventó en Inglaterra una nueva máquina, un telar que permite hacer 1 000 mallas por minuto en lugar de las 100 que se logran trabajando a mano. Esta máquina fue exportada a Italia,[51] pero se desconoce por completo qué repercusiones tuvo. Lo que sí es cierto es que los fabricantes de medias de Milán lograron que se prohibiera el empleo de una máquina (¿la misma que acabo de mencionar u otra?) para fabricar medias.[52] Por lo contrario, en Inglaterra el mecanismo que se estable-

---

[49] P. Kriedte, *Spätfeudalisum...*, *op. cit.*, p. 97.

[50] "Cierto es que podemos preguntarnos por qué Holanda en general, y Leiden en particular, fallaron en su evolución industrial, siendo que contaban con todas las condiciones para proporcionar una revolución industrial. En lo que se refiere a los datos económicos, no se percibía una diferencia notoria entre Inglaterra y Holanda [...]; pero no hay que perder de vista que la industria holandesa presentaba ciertas debilidades en su estructura. Fuera del sector textil, la mayor parte de las industrias dependían del sector comercial. Tal era el caso de la construcción naval y de otras industrias de refinado. La industria textil de Leiden era especialmente frágil, pues después de haber fabricado nuevas telas baratas, empezó a producir al estilo antiguo telas de alta calidad. El éxito espectacular de Leiden tenía, pues, como marco, un tipo de producción sin potencial de crecimiento: la fabricación de telas al estilo antiguo representaba una vía sin salida". Cf. J. de Vries, "Le cas de la Hollande", en P. M. Hohenberg y F. Frantz (comps.), *Transition du féodalisme à la société industrielle: l'échec de l'Italie de la Renaissance et des Pays Bas du XVIIe siècle*, Montreal, 1975, p. 56.

[51] M. Dobb, *Studies on the Development of Capitalism*, Londres, 1963, p. 146.

[52] D. Sella, *L'economia lombarda...*, *op. cit.*, p. 178.

ció respecto de una máquina se revela complejo e importante. Algunos capitalistas (en el sentido simple de la palabra) y comerciantes-manufactureros compran máquinas y las alquilan (a una tasa anual equivalente a 10% de su costo) a los campesinos-artesanos.[53] ¿Qué significado se le puede dar a este proceso? Con base en una técnica nueva, comienza una fase, ésta sí verdaderamente capitalista, de desposesión al trabajador de sus herramientas de trabajo.

En conclusión, nuevamente estamos ante un notable cambio del mapa económico europeo. Se nota un desplazamiento de la Europa mediterránea hacia el norte,[54] pero este deslizamiento es esencialmente de orden *cuantitativo* en algunos países (Holanda sobre todo) mientras que en Inglaterra es al mismo tiempo cuantitativo (el movimiento de ingresos del mercado de telas de Londres entre 1562 y 1710 da prueba de ello)[55] y *cualitativo,* sobre todo cualitativo.[56] Empero, la industria europea no está hecha tan sólo de textiles. Existen otros sectores. Aquí también asistimos a un desplazamiento del eje alrededor del cual gira esta actividad industrial: en Venecia la producción de jabón pasa de 13 millones de libras entre finales del siglo XVI y principios del XVII, a cerca de tres millones de libras a principios del XVIII.[57] En Amsterdam en cambio, la producción (y la exportación) del jabón no para de crecer durante todo el siglo.[58] La industria naval en Venecia, Nápoles y España cae; sin embargo se consolida en forma prodigiosa en Inglaterra y en Holanda.[59]

Por supuesto, se dan casos de resistencia, como Génova, por ejemplo, pero si analizamos bien la situación veremos con claridad que se

[53] M. Dobb, *Studies...*, *op. cit.,* p. 146.

[54] Existe un dato complementario que nos muestra el ascenso del norte y es que se empiezan a importar materias primas (seda, lana, algodón) de la cuenca mediterránea: cf. L. Robert, *The Merchant Mappe of Commerce*, Londres, 1638, p. 139; D. Sella, *Commerci e industrie...*, *op. cit.*, p. 89; E. Beasch, *Hollandische Wirtschaftgeschichte*, Jena, 1927, p. 74.

[55] Cf. D. W. Jones, "The Hammage Receipts of the London Cloth Markets, 1562-1710", en *Economic History Review*, 1972, núm. 4, p. 586.

[56] Es preciso señalar que si bien en Inglaterra los cambios que se manfiestan en la industria textil tuvieron el apoyo de los poderes públicos, en otras partes el sistema antiguo (representado sobre todo por las estructuras corporativas urbanas) tuvo una fuerte protección; por ejemplo, en Lombardía se ordena la destrucción de los telares instalados en los pueblos: cf. D. Sella, *L'economia lombarda...*, *op. cit.,* pp. 67, n. 22, y 238. En Zurich la actitud fue parecida; cf. J. F. Bergier, *Naissance et croissance de la Suisse industrielle*, Berna, 1974, p. 45. Respecto de estos problemas, en general, cf. F. Lütge, *Deutsche Social-und Wirtschaftsgeschichte*, Berlín-Heidelberg, 1966, pp. 365-369.

[57] D. Sella, *Commerci e industria...*, *op. cit.,* p. 133.

[58] J. C. Van Dillen, *Bronnen tot de Geschiedenis van het Bedrifsleven en het Gildewezen van Amsterdam*, Gravenhage, 1929, vol. I, p. XXI, y vol. 2, pp. 150, n. 270, y 375, n. 642.

[59] Cf. V. Barbour, "Dutch and English Merchant Shipping in the Seventeenth Century", en E. M. Carus-Wilson (comp.), *Essays in Economic History*, Londres, 1961.

trata de una falsa resistencia. En efecto, en esta ciudad, la composición de la flota mercante evoluciona de la siguiente manera (barco de más de 1 800 *cantaris*).[60]

| Año | Núm. de barcos | Tonelaje total (cantaris) |
|---|---|---|
| 1655 | 38 | 177 750 |
| 1656 | 28 | 146 500 |
| 1665 | 44 | 207 225 |
| 1687 | 11 | 79 200 |
| 1688 | 12 | 77 040 |
| 1691 | 45 | 319 140 |
| 1693 | 41 | 289 350 |

Una lectura superficial de las cifras podría hacernos creer que se dio un nuevo impulso en los astilleros de Liguria durante los años noventa del siglo. Pues bien, no hay nada de eso. A fines del siglo xvii, estos astilleros no tenían la fuerza para triplicar la flota entre 1688 y 1691, y el aumento se debe sencillamente a que se compraban o fletaban barcos extranjeros.[61]

El problema de fondo es otro; lo que peligra es el conjunto del mundo de la marina mediterránea (hombres, técnicas, conocimientos científicos):

Este proceso de decadencia de las tripulaciones interesó a casi todo el Mediterráneo, Génova y Venecia en particular. En un principio coincidió con un crecimiento de los barcos de construcción nórdica y después, a medida que aumentaba el número de las tripulaciones holandesas, inglesas, olonesas y hamburguesas, que circulaban en el Mediterráneo, se pasó progresivamente al flete de los barcos extranjeros para el tráfico nacional mientras "patrones" marineros y constructores de las costas, después de haber abandonado las últimas grandes naves, se limitaban al tráfico de cabotaje.[62]

En cuanto a la actividad editorial vemos que en Italia o en España declina en cantidad y calidad y que no deja de progresar en Holanda, Inglaterra, Leipzig, Nuremberg y Francfort (que toma el lugar de Venecia en el mercado europeo).[63]

[60] P. Campodonico, *La marineria genovese dal Medioevo all'Unità d'Italia*, Milán, 1989, p. 204.
[61] *Ibid.*, p. 195.
[62] *Ibid.*, p. 180.
[63] Cf. S. H. Steinberg, *Cinque secoli di stampa*, Turín, 1982, pp. 135 y ss.

Todavía nos queda por examinar un importante sector industrial: la metalurgia y, en general, las industrias extractivas. La naturaleza de la documentación sobre este sector difícilmente nos permite hacer un examen de conjunto, por lo que tendremos que conformarnos con dar algunos ejemplos.

Ante todo, es evidente el caso sueco que manifiesta un fuerte crecimiento de la producción de cobre y de hierro destinada sobre todo a la exportación hacia Holanda e Inglaterra.[64] De este último país, no conocemos cuál fue la producción de hierro en el siglo XVII, pero, por lo contrario, sabemos que la de carbón pasó de 170 000 toneladas inglesas en 1550-1560 a 2 500 000 en 1680-1690.[65] La importante contribución de H. Kellenbenz no nos ofrece muchas indicaciones de tipo general, pero la impresión que nos da es que los progresos fundamentales en ese sector se dieron en el norte de Europa. Si observamos lo que realmente sucede en el sur, encontramos, por lo que sabemos, indicios de dificultades.[66] La producción de alumbre de Civitavecchia cae,[67] al igual que la de las minas de mercurio de Almadén.[68] En cuanto a Milán, esta ciudad atraviesa "el espinoso *Seicento*" en lo que se refiere a la siderurgia.[69]

Por supuesto, existen sectores que resisten bastante bien, como por ejemplo los productos de lujo (paños *auroserici*, bordados, muebles, instrumentos musicales, orfebrería, etc.) procedentes de Venecia, Milán, Córdoba, Génova o Toledo. En este aspecto, no debemos olvidar las consideraciones, muy acertadas, de Jean-François Bergier:

> Indiscutiblemente, la industria textil predomina sobre las demás, como lo hizo durante la Edad Media y como lo hará aún en la época de la Revolución industrial. Ni la industria de los quesos, que era exclusivamente rural y cada vez más importante en términos de exportación; ni la del libro y su corolario, la papelería; ni la orfebrería; ni la naciente relojería, son durante

[64] H. Kellenbenz, "The organization of Industrial Production", en *The Cambridge Economic History*, Cambridge, 1977, vol. V, p. 504; pero no hay que olvidar que la producción minera sueca (en especial del cobre) está muy controlada por los holandeses (los De Geer, los De Beche y los Tripp).

[65] P. Bairoch, *Révolution industrielle et sous-développement*, París, 1964, p. 239.

[66] La producción industrial de la Europa mediterránea no es la única que se viene abajo; lo mismo sucede con la de la Europa del este y la del sudeste: cf. J. Topolski, "La régression économique en Pologne du XIVe au XVIIIe siècle", en *Acta Poloniae historica*, 7, 1962, pp. 28-49; Z. P. Pach, "Diminishing share of East-central Europe in the 17th Century", en *Acta Historica*, 16, 1970, pp. 289-306.

[67] J. Delumeau, *L'alun de Rome, XVIe-XIXe siècle*, París, 1962, pp. 132-133.

[68] Cf. A. Matilla Tascón, *Historia de las minas de Almadén*, vol. I, Madrid, 1958.

[69] A. Frumento, *Imprese lombarde nella storia della siderurgia italiana. Il ferro milanese tra il 1450 e il 1796*, vol. II, Milán, 1963, p. 89.

los siglos XVI y XVII una amenaza a la preeminencia de los textiles, que es evidente a pesar de lo deficiente de las estadísticas, tanto en términos de empleo como de capital y tanto en valor de las exportaciones como en el número de empresas.[70]

Creo que estas consideraciones de J. F. Bergier en lo referente a Suiza se pueden aplicar a la situación europea en general: los productos de lujo en los que estamos demasiado acostumbrados a extraviarnos no son ni pueden ser un motor económico.[71]

Este panorama esbozado aquí no está completo, por supuesto. Sería necesario, por ejemplo, añadir el problema de la construcción. Durante el siglo XVII la construcción tuvo un auge. Basta una simple mirada a nuestras ciudades europeas para confirmarlo, pero la industria de la construcción es atípica y estaríamos mal si creyéramos a ciegas el proverbio que dice que "cuando la construcción anda, todo anda", pues encontramos casos muy claros de contracoyuntura. Por ejemplo, a mediados del siglo XVII Cracovia vive una verdadera fiebre de construcción, pero lo que sabemos en cuanto a la economía cracoviana en general es que estaba en una gran crisis.[72] Es, pues, difícil sacar conclusiones, cualesquiera que éstas sean.

Hay otro sector que merece nuestra atención, que es sin duda la industria de armamento,[73] pero confieso que la lección que podemos obtener de las industrias de guerra me parece bastante discutible pues reflejan un estado no tanto de prosperidad o de depresión como de "necesidad" impuesta por un momento excepcional: la guerra. Tomemos un ejemplo; si bien es cierto que la flota mercante veneciana peligra, también lo es que la flota de guerra (que daba vida al enorme arsenal de la ciudad) no muestra los mismos signos de decadencia.[74]

En conclusión, se puede afirmar con toda certeza la realidad de la ruptura geográfica. El atlas industrial de mediados del siglo XVIII no tiene mucho en común con el de 150 años antes: "En los siglos XVII y XVIII, Francia, Inglaterra, los Países Bajos y Suiza estaban en primer

[70] J. F. Bergier, *Naissance et croissance...*, *op. cit.*, p. 47.

[71] Véase el espléndido libro de W. Sombart, *Luxus und Kaspitalismus*, Munich-Leipzig, 1922.

[72] Cf. el importante artículo de A. Virobisz, "Ze sudiów nad budowmictwem kradowskim y kónku XVI i w pierwszej polowie XVII wieku", en *Przeglad Historyczny*, XLIX, 1958, núm. 4, pp. 647-680. Para un caso contrario, cf. L. Blondel, *Le développement urbain de Genève à travers les siècles*, Ginebra-Nyon, 1946, p. 69.

[73] Cf. J. U. Nef, *War and Human Progress*, Cambridge, Mass., 1950, pp. 202 y ss.

[74] Permítaseme remitir al lector a R. Romano, "Aspetti economici degli armamenti navali veneziani nel secolo XVI", en *Rivista Storica Italiana*, LXVI, 1954, núm. 1, en especial las pp. 56-58 y 60-63.

lugar como países industriales".[75] El juicio de Kulischer se puede compartir todavía hoy en día con algunos cambios de matiz. Podríamos añadir algunas regiones de Alemania meridional-Silesia; una parte del Würtenberg y de Sajonia, que resistieron bien, o podríamos subrayar que el crecimiento de Francia, dondequiera que se dio, estaba parcialmente ligado a las manufacturas reales (artificiales, como es natural, desde el punto de vista estrictamente económico) y limitado sobre todo el norte del país. Es, pues, el resto de Europa (la mediterránea, como he tratado de demostrarlo, y también las partes centro-oriental y sudoriental)[76] el que a partir de entonces abandona la escena.

Sin embargo, no debemos limitarnos a esta división, a este desplazamiento territorial. El problema es más complicado. Los países que Kulischer enumera son indiscutiblemente los nuevos líderes industriales europeos, por lo menos de manera diferente si nos colocamos en el plano cualitativo. Como dije más arriba, (pero vale la pena insistir), si para Inglaterra el cambio es cuantitativo y cualitativo, estableciendo de esta manera las premisas de un verdadero desarrollo, para los otros países es sólo cuantitativo y sólo da lugar a un crecimiento.

En el contexto inglés, el siglo XVII marca la transformación de la industria rural en protoindustrialización.

Detengámonos un momento en la palabra "protoindustrialización", pues tengo la impresión de que después de las primeras investigaciones de Joan Thirsk[77] y de Eric Jones,[78] pero sobre todo del siempre recordado Franklin F. Mendels,[79] así como de Charles y Richard Tilly,[80] existe una tendencia a confundir la protoindustrialización por un lado con una primera fase de la industrialización, y por otro, con la industria rural. Pues bien, la identificación automática con una primera fase de la industrialización es sencillamente falsa: se pueden dar casos de protoindustrialización sin que esto ponga en marcha un proceso de industrialización.[81] Pero la mayor confusión radica en la idea de que protoin-

---

[75] J. M. Kulischer, *op. cit.* p. 264.

[76] Cf. la nota 58.

[77] J. Thirsk, "Industries in the Countryside", en J. Fischer (comp.), *Essays in the Economic and Social History of Tudor and Stuart England in Honour of R. H. Tawney,* Cambridge, 1961, pp. 70-88.

[78] E. L. Jones, "Agricultural Origins of Industry", en *Past & Present,* 40, 1968.

[79] F. F. Mendels, "Proto-Industrialization: The Phase of the Industrialization Process", en *Journal of Economic History,* 32, 1972, pp. 241-261.

[80] Ch. y R. Tilly, "Agenda for European Economic History in the 1970s", en *Journal of Economic History,* 31, 1971, pp. 184-198.

[81] Cf. W. Fischer (comp.), *Wirtschaft-und Sozialgeschichtliche. Probleme der frühen Industrialisierung,* Berlín, 1968.

dustrialización e industria rural son lo mismo. La industria rural siempre ha existido, al grado de que ya en la Edad Media hay signos importantes de ella, pero no tiene nada que ver con protoindustrialización, dado que ésta tiene las siguientes características: *a)* se afirma al lado de la fábrica;[82] *b)* dondequiera que la industria rural representaba una actividad complementaria para las poblaciones campesinas, la protoindustrialización lleva a estos mismos campesinos a considerar la actividad industrial como principal; *c)* por último, no olvidemos que la protoindustrialización es algo diferente de la industria rural en la medida en que (no siempre, es verdad) desemboca en la creación de verdaderas regiones industriales mientras que la segunda se desarrolla en pequeños núcleos dispersos, como pequeñas manchas de leopardo.

Podríamos añadir otros rasgos de diferenciación pero prefiero remitir a la bibliografía que existe sobre el tema (más bien a la que cité, pues la más reciente contiene bastantes confusiones). Pues bien, este verdadero proceso de protoindustrialización se afirma a partir del siglo XVII en Inglaterra, en los Países Bajos meridionales y en algunas regiones de Alemania (ésta con características distintas) y de Suiza.

La protoindustrialización trajo consigo enormes consecuencias. En primer lugar, provocó un "aumento de la productividad agrícola y, por consiguiente, una transformación de las relaciones de producción".[83] Produjo la desaparición de los privilegios corporativos; por último, al modificar las relaciones tradicionales entre ciudad y campo, propició la formación de un sistema de autocontrol completamente diferente del tradicional.

Quizá sea oportuno ahora precisar un punto que aparentemente no tiene nada que ver con el tema de este libro, pero que en realidad está fuertemente ligado a él: el problema del origen de la Revolución industrial que generalmente se liga a los orígenes del capitalismo comercial. Pues bien, mi opinión es que éste no desempeñó un papel determinante.[84] Es preferible observar otros factores: *a)* una nueva agricultura

---

[82] P. Kriedte, H. Medick y J. Schlumböhm, *Industrialisierung vor der Industrialisierung. Gewerbliche Warenproduktion auf dem Land in der Formations-periode des Kapitalismus*, Gotinga, 1977, p. 14.

[83] *Ibid.*, p. 30.

[84] A este respecto, me parece necesario reproducir aquí la brillante página de P.Bairoch, *De Jérico...*, *op. cit.*, pp. 322-323: "Por otra parte, esta expansión comercial nos obliga a abrir un paréntesis en cuanto al papel que desempeñó el comercio exterior en el arranque de la Revolución industrial. Hace unos 10 años hicimos un estudio sobre este problema y he aquí las conclusiones a que llegamos después de haber efectuado un análisis empírico de los hechos: cualquiera que sea el planteamiento adoptado, este análisis nos lleva reducir a una fracción marginal el papel que desempeñó el comercio exterior en el 'origen' de la Revolución industrial inglesa. Este análisis comprendió el periodo de 1700-1710 a 1780-1790, que engloba lo esencial de

(nueva también en sus implicaciones sociales) como traté de demostrarlo más arriba; *b)* una nueva organización (en el más amplio sentido de la palabra) industrial, y *c)* una nueva organización comercial tanto en el ámbito interno como, sobre todo, en el ámbito internacional.

Añadamos a esto, dejando a un lado el caso de Inglaterra, que el conjunto de la Europa "industrial" (tanto los países en crisis como los que dan signos indiscutibles de resistencia o incluso de crecimiento) no manifiesta cambios ni en la política industrial ni, sobre todo, en la naturaleza del capital empleado, mismo que permanece comercial como en los buenos tiempos de Italia del norte o de Flandes en el siglo xiii. Esto no lo contradicen las pocas excepciones sectoriales que podamos encontrar.

En esta perspectiva, es fácil comprender que no fue una casualidad el que la Revolución industrial se diera en Inglaterra antes que en otros países.

¿Y qué sucede en las Indias Occidentales? No es fácil responder a esta pregunta. Desgraciadamente no contamos con trabajos de conjunto sobre los problemas agrícolas e "industriales" relativos a la América

la fase de arranque de esta Revolución industrial. La tesis tradicional en la que se consideraba que la expansión comercial de los siglos xvi y xvii era una causa importante, si no la principal, de la Revolución industrial no resiste un examen objetivo que busque otras pruebas que no sean las que infieran, de la sucesión de dos fenómenos excepcionales, la prueba de un vínculo de causalidad. La expansión comercial no fue, ciertamente, una causa suficiente, pues en ese caso Holanda, por no mencionar más que a este país, se hubiera adelantado a Inglaterra. Problamente, la expansión comercial no fue siquiera una causa necesaria, pues entonces la lista de los países europeos que se industrializaron hubiera sido más limitada.

"No faltará quien pregunte: ¿y los beneficios?, ¿y la demanda ocasionada por la flota? Aun cuando se hubieran invertido íntegramente en la economía inglesa los beneficios acumulados o ahorrados por la expansión comercial, éstos no hubieran representado más que 10 o 20% del total de las inversiones, y los que realmente se invirtieron probablemente no hubieran representado más de 6 u 8% de este total. Por otra parte, la literatura que habla de ese vínculo funcional importante, generalmente está falseada por su planteamiento metodológico: era preciso analizar el origen de los capitales y de los empresarios de los sectores que promovieron la Revolución industrial y no investigar los casos en que el capital comercial se invirtió en la naciente industria. Pues bien, si aplicamos el planteamiento adecuado, vemos que el capital originario del comercio internacional estaba lejos de ser preponderante en las primeras fases de la industrialización.

"Por otra parte, hay una clara discordancia entre las zonas geográficas de acumulación de capital comercial y las de industrialización, tanto a la escala de los países como de las regiones más restringidas [...]. En cuanto a la demanda ocasionada por la creación y la renovación de la flota inglesa, cuyo desarrollo fue a pesar de todo rápido, ésta no tuvo más que una repercusión marginal. Efectivamente, aunque sobre bases bastante fragmentarias en verdad, hemos podido estimar que la demanda ocasionada así (aun incluyendo a la marina de guerra) debería ser inferior a 0.5% del producto nacional, y esta incidencia también fue muy débil en los sectores motores de la Revolución industrial (más o menos 1% en el sector textil y alrededor de 2% en el siderúrgico).

"En un marco más restringido (geográficamente) y más amplio (históricamente), O'Brien llega a la conclusión de que si Inglaterra, durante 1489 y 1789 hubiera estado excluida del comercio con el que sería después el Tercer Mundo, esto hubiera implicado tan sólo una baja de 7% al máximo de las inversiones inglesas."

española, por lo que la tarea se presenta complicada y, aun arriesgándome a repetir cosas de sobra conocidas, considero indispensable empezar por el principio.

La tierra americana es tierra de conquista. Por supuesto, todas las tierras de la historia humana son tierras de conquista, pero en el caso de América se trata de una conquista reciente.

¿Cuáles fueron las modalidades de la Conquista en el siglo XVI? En un principio, y también después, los "dones" (mercedes de tierra, sesmerías); pero también el robo de tierras (de los indios y de la Corona), las herencias, la tierra como sistema de pago de las deudas, la ocupación abusiva, y además, las verdaderas compras. Detrás de todo esto yace un hecho principal: la tierra carece de valor o éste es muy bajo. Se trata de un punto importante sobre el que vale la pena insistir un poco.

La tierra no vale gran cosa. Precisemos. En la realidad encontramos haciendas que "cuestan" decenas e incluso centenares de miles de pesos. Pues bien, observar estas cifras y detenernos ahí significa quedarnos en la superficie de los hechos, pues la "composición" del valor de una hacienda es muy compleja. En primer término, la proximidad a caminos que unen la propiedad con un (gran) centro de consumo. Es bastante desconsolador comprobar que son sobre todo aquellos que hablan con insistencia de "mercado interno", de capitalismo y de producción para el mercado, los que hacen de lado esta verdad primordial que J. H. von Thünen mostró y demostró hace mucho más de un siglo.[85] En seguida el suelo (la superficie: que se la llame como se quiera), pero también, y principalmente, la casa del amo y su mobiliario, la capilla y su ornamentación, los esclavos, las construcciones que cumplen una función (ingenios, almacenes, silos, etc.), los plantíos existentes (sin olvidar que su valor varía con relación a la edad: en general un maguey pulquero de 14 o 15 años ya no vale nada), las existencias, los animales de trabajo y de crianza (su valor cambia también con la edad). Si no diferenciamos todos estos elementos es fácil caer en conclusiones totalmente falsas.

Examinemos algunos casos. Tomemos la hacienda Notocacha, en Perú, cuyo valor total es de 174 692 pesos.[86] El valor de la tierra sólo repre-

---

[85] J. H. von Thünen, *Der isolierte Staat, 1875*. Una primera aplicación al caso mexicano en Leo Waibel, "Die Wirtschftliche Gliederung Mexicos", en *Festschrift für Alfred Philipson*, Leipzing-Berlín, 1930, pp. 32-55. Cf. también U. Ewald, *Estudios sobre la hacienda colonial en México. Las propiedades rurales del Colegio del Espíritu Santo en Puebla*, Wiesbaden, 1976, p. 24.

[86] P. Macera, "Instrucciones para el manejo de las haciendas del Perú (siglos XVII-XVIII)", en *Nueva Coronica*, vol. II, 1966, núm. 2, cuadro V.

senta 5 216 pesos (¡2.9%!). El valor restante comprende los viñedos (51%), los esclavos (17.5%), la casa y las diversas instalaciones (22.5%).

¿Es éste un caso límite? Aparentemente sí, pues en Perú es posible encontrar haciendas en las que el valor de la tierra representa un porcentaje bastante alto. Tal es el caso de la hacienda Bocanegra, cuya superficie vale 38.6% y los plantíos (en especial la caña de azúcar) representa tan sólo 14.83%,[87] pero en este caso es preciso considerar por lo menos dos factores:

*a)* habría que saber si en el valor de la tierra se incorporan los trabajos de irrigación, lo cual aumentaría el mismo;[88]

*b)* otro aspecto fundamental es saber en qué etapa de su ciclo productivo están las plantas en el momento de la evaluación de la hacienda. Es evidente que la misma hacienda valdrá más o menos dependiendo de si las plantas (vid, tabaco, trigo, maíz se encuentran en vísperas de cosecharse o a un año de distancia de la *esperanza* de cosecha.[89]

Para aclarar todo esto, demos un ejemplo en cifras. Supongamos una hacienda productora de trigo, en Perú, en dos momentos diferentes:

| Valores | *1*<br>*En víspera de*<br>*cosecha* | *2(+)*<br>*Después de*<br>*la cosecha* |
|---|---|---|
| Parte fija, casas, capilla,<br>  esclavos, herramienta | 50 000 ps. (50%) | 50 000 ps. (50%) |
| Superficie | 25 000 ps. (25%) | 45 000 ps. (45%0 |
| Remanentes de cosechas<br>  anteriores | 10 000 ps. (10%) | 0 |
| Cosecha futura* | 15 000 ps. (15%) | 5 000 ps. (5%) |

* El valor de ésta varía, naturalmente, según los meses que haya de por medio entre el momento de la evaluación y el de la siguiente cosecha.

Vemos que en un caso, el "valor" del suelo representa 25% y en el otro 45%. Quisiera hacer notar que cualesquiera que sean las cifras que

[87] *Idem.*

[88] Por ejemplo, en la hacienda Cocoyoc, en México, aparecen 2 742 pesos como valor de "obras hidráulicas": cf. G. von Wobeser, *La formación de la hacienda en la época colonial,* México, 1983, p. 105.

[89] Por ejemplo, en Guatemala, para una hacienda azucarera, tan sólo el valor de la cosecha está calculado en 500 pesos, "siendo que la tierra, que para toda la propiedad representa 1 estancia de ganado mayor y 2 caballerías, no vale más que 400 pesos": cf. M. Bertrand, "Étude de la société rurale en Basse Verapaz (XVIe-XIXe siècles)", en AA. VV., *Rabinal et la vallée moyenne du Chixoy. Baja Verapaz, Guatemala,* París, 1981, p. 64.

se tomen en cuenta, se obtendrán diferencias de esta naturaleza, que en la realidad son aún más grandes. Esto no tiene nada de extraordinario si se conoce un poco cómo se "cocinan" los porcentajes.

A todo esto es preciso añadir otro factor: ¿cuál es el valor de los productos almacenados en trojes? Tomemos el caso de la hacienda de Cocoyoc, en México, en 1800.[90] En aquella época su valor total era de 169 175 pesos; el valor de los productos tratados y en trojes (esencialmente azúcar) era de 11 219 pesos (6.2%), mientras que los cultivos representaban 40 627 pesos, es decir, 23.98%. En esta misma hacienda, el valor de la tierra, en porcentaje del valor total, oscila como sigue: de 17.09% en 1714 a 36.65% en 1763, a 24.89% en 1769, a 32% en 1785, a 19.77% en 1800. ¿Cuál es la razón de estas oscilaciones? Muy sencillo. Cuando el valor de la tierra alcanza un nivel más alto, es decir en 1763, es porque no había ni ganado ni campos de caña. ¿Qué sucedió exactamente? No lo sé; lo único cierto es que esa "ausencia" es la que permite subir el porcentaje del valor de la tierra.[91]

Con estos ejemplos trato de decir que si consideramos todas esas variables, llegamos a resultados bastante particulares.

En un importante artículo, Hermes Tovar Pinzón[92] afirma: "sólo el valor de la tierra parece tener una importancia mayúscula dentro del valor general de las haciendas, valor que se halla ligado a la construcción de obras de infraestructura". No sé lo que H. Tovar Pinzón entiende por "obras de infraestructura", pero según los datos que nos proporciona, observo un extraño fenómeno. Las "tierras de maguey" representan en superficie 15% del total, pero su valor llega a 45.7% del total.[93] ¿Qué es lo que vale ese 47.5%, la tierra o los magueyes? La pregunta es legítima pues el cultivo de esta cactácea no necesita tierras particularmente buenas. Por tanto, H. Tovar Pinzón ha incorporado el valor de las plantas (muy particulares, por cierto, ya que el maguey empieza a dar pulque a los 15 años y sólo durante 6 meses) al de las superficies donde están sembradas.

En contraposición, todos los que[94] han detallado minuciosamente la

[90] G. von Wobeser, *La formación...*, *op. cit.*, pp. 104-107.

[91] G. von Wobeser, *La hacienda azucarera en la época colonial*, México, 1988, p. 21.

[92] H. Tovar Pinzón, "Elementos constitutivos de la empresa agraria jesuita en la segunda mitad del siglo XVIII en México", en E. Florescano (comp.), *Sociedad, latifundio y plantaciones en América Latina*, México, 1975, p. 157.

[93] *Ibid.*, p. 161, n. 60.

[94] Cf. P. Macera, *Instrucciones...*, *op. cit.*; M. Bertrand, *Étude de la société...*, *op. cit.*, G. Colmenares, *Las haciendas de los jesuitas en el Nuevo Reyno de Granada*, Bogotá, 1969; G. von Wobeser, *La hacienda...*, *op. cit.*

composición interna del "valor", llegan a conclusiones que parecen más "sanas", y en mi opinión, G. Colmenares[95] fue quien mejor explicó, en el caso de Colombia, que la "tierra representaba, en términos de valor económico, una fracción mínima de los bienes que sustentaba como estructura".

Los problemas de la tierra en Iberoamérica deben examinarse, pues, con base en esta situación de fondo, que me gusta resumir con la expresión "oferta ilimitada de la tierra".

Veamos ahora a grandes rasgos lo que sucedió durante el siglo XVII. Partamos de la hermosa serie de mapas de México de Enrique Florescano.

Estos mapas permiten destacar dos elementos: *a)* que la "conquista" en la Nueva España sigue su marcha con una expansión continua hacia el norte, y *b)* que no se trata sólo de una expansión, sino de algo más estructurado, puesto que también se dan elementos de una cierta (relativa) diferenciación: la ganadería triunfa, es cierto, pero los cereales le siguen muy de cerca.

En suma, los mapas de Enrique Florescano nos revelan el importante fenómeno de las "tierras nuevas"; sobre estas "tierras nuevas" encontramos también cultivos "nuevos". Los casos clásicos son sin duda los de la yerba mate,[96] el tabaco,[97] el cacao,[98] y la quinina,[99] que nos muestran que esas plantas que eran silvestres y que en un principio se explotaban simplemente recolectando lo que la tierra daba, pasan a adquirir el nivel de cultivo. Por otra parte, asistimos al principio del cultivo de plantas de origen europeo: el trigo y la vid. Por supuesto, desde los primeros momentos de la Conquista, se empieza a producir vino en América, pero es sobre todo en el siglo XVII cuando la vid se convierte en objeto de cultivo destinado a una vasta comercialización: así, en Perú,[100] en Chile[101] y

---

[95] G. Colmenares, *Las haciendas..., op. cit.,* p. 157.

[96] Para el cual cf. J. C. Garavaglia, *Mercado interno y economía colonial,* México, 1983.

[97] Para Cuba, cf. L. Marrero, *Cuba: economía y sociedad,* Madrid, 1975, vol. IV, pp. 48-51 y, por supuesto, el libro clásico de F. Ortiz, *Contrapunteo cubano del tabaco y del azúcar,* La Habana, 1963. Para Venezuela, cf. E. Arcila Farías, *Economía colonial de Venezuela,* México, 1946, pp. 79 y ss.

[98] E. Arcila Farías, *Economía..., op. cit.,* pp. 87 y ss.

[99] P. O. Girot, "Resistencia indígena, auges comerciales y colonización: estrategias territoriales jívaras y las fases de ocupación del valle del río Chinchipe, Cajamarca, nororiente peruano", ponencia presentada en el XLV Congreso Internacional de Americanistas, Bogotá, 1-7 de julio de 1985, p. 11.

[100] E. Romero, *Historia económica del Perú,* Buenos Aires, 1949, pp. 124-125.

[101] Cf. M. Carmagnani, *Les mécanismes de la vie économique dans una société coloniale: le Chili (1680-1830),* París, 1973, p. 237.

MAPA II. 1. *Etapas de la colonización del norte de la Nueva España*

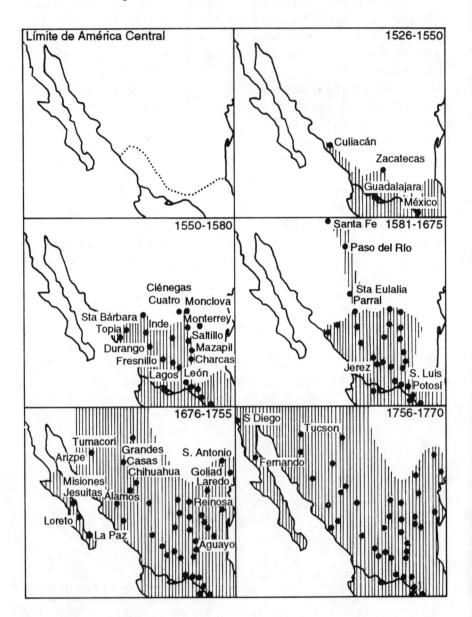

FUENTE: E. Florescano, "Colonización, ocupación del suelo y frontera en el norte de la Nueva España, 1551-1750", en *Tierras Nuevas,* al cuidado de A. Jara, México, 1969, p. 46.

Mapa II.2. *La expansión de la agricultura en la Nueva España*

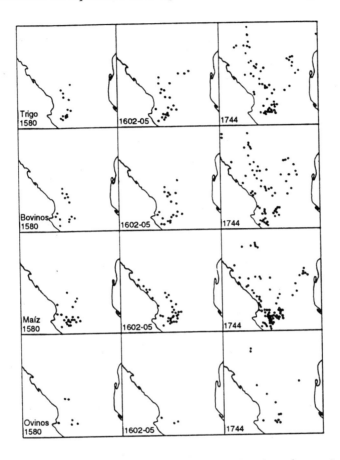

Fuente: E. Florescano, "Colonización, ocupación del suelo y 'frontera' en el Nor-te de Nueva España, 1551-1750", en A. Jara (comp.) *Tierras Nuevas,* México 1969, pp. 54, 60, 64.

en la región de Mendoza[102] observamos una fuerte expansión de los viñedos; pero quien dice vino dice también barricas, toneles, botellas, es decir, formas "industriales" nuevas. Esto hace que en Perú empiecen a aparecer vidrierías en Ica, Lima y Cuambacho.[103]

[102] M. del Rosario Prieto, "Consecuencias ambientales derivadas de la instalación de los españoles en Mendoza en 1561", en *Cuadernos de Historia Regional de la Universidad Nacional de Luján,* núm. 6, 1988, pp. 21 y ss. Este artículo describe también la difusión de la irrigación durante el siglo XVII.

[103] C. Sempat Assadourian, *El sistema de la economía colonial,* Lima, 1982, página 177.

Algo semejante se puede decir de la caña de azúcar. La caña empieza a cultivarse muy pronto; es "histórico" el esqueje que plantó Cristóbal Colón en Cuba en 1503, pero el hecho es que Cuba no comienza sus exportaciones *regulares* de azúcar hacia España hasta 1610.[104] En Brasil, se da un aumento regular de los trapiches:[105]

| Año | Ingenios | Año | Ingenios |
|-----|----------|-----|----------|
| 1570 | 60 | 1629 | 346 |
| 1585 | 130 | 1645 | 300 |
| 1610 | 230 | 1710 | 528 |

Por supuesto, a este aumento del número de trapiches corresponde un aumento paralelo de la producción.[106] Es preciso añadir que la industria del azúcar trae consigo la creación de otra, la de la fabricación de aguardiente.[107]

En otras partes, como en Río de la Plata, observamos los inicios de la industria de conservación de la carne (cecina) con miras a comercializarla hacia Brasil y hacia África.[108]

Vemos una serie de hechos contra los que se podría decir que el bajo nivel de la población hizo difícil (por no decir imposible) un verdadero crecimiento agrícola en la América hispánica; pero creo que olvidamos por lo menos cuatro factores:

1. El hecho de que, como creo que lo demostré en el capítulo I, la población americana vuelve a empezar a crecer desde mediados del siglo XVII o incluso antes.

2. Que en términos de disponibilidad de energía, Hispanoamérica contaba cada vez más con la fuerza de los animales (bueyes, mulas, caballos) en los trabajos agrícolas.

3. Que exactamente durante el siglo XVII las importaciones de esclavos, es decir de energía, empiezan a aumentar de una manera significativa.[109]

[104] F. Ortiz, *Contrapunteo...*, *op. cit.*, p. 454.

[105] F. Mauro, *Le Portugal, le Brésil et l'Atlantique au XVII siècle*, París, 1983, p. 299.

[106] *Ibid.*, pp. 278-281, y C. R. Boxer, *Salvador de Sá e a luta pelo Brasil e Angola*, São Paulo, 1973, pp. 192-193.

[107] J. J. Hernández Palomo, *Historia del aguardiente de caña en México*, Sevilla, 1974.

[108] A. J. Montoya, *Historia de los saladeros argentinos*, Buenos Aires, 1956, pp. 10-11, y cf. E. Wedowoy, "Burguesía comercial y desarrollo nacional", en *Humanidades*, XXXV, 1960, p. 56.

[109] Cf. Ph. D. Curtin, *The Atlantic Slave Trade. A Census*, Madison, 1975, cuadros 33, 34 y 35; cf. también J. A. Rawley, *The Trans-Atlantic Slave Trade*, Nueva York-Londres, 1981.

4. Por último, es preciso destacar que en lo referente a la agricultura, la caída de la población en América no tuvo las mismas consecuencias que en Europa (por ejemplo la *yeld ratio* del maíz, cereal fundamental en la alimentación americana, siempre es superior a la del trigo).

Repito: este aumento en la importación de energía que se destinará fundamentalmente a los trabajos agrícolas, contrariamente a lo que sucedió en el siglo xvi, época en que una gran parte de los esclavos se empleaba en las minas, refleja bastante bien, según mi opinión, el crecimiento de la agricultura americana. Es un crecimiento tanto o más fuerte si se considera que los datos de Ph. D. Curtin hay que corregirlos al alza.[110]
Sería posible agregar otros signos,[111] pero me parece que algunos elementos presentados aquí indican bien un salto de la agricultura de Iberoamérica en el curso del siglo xvii.[112]

[110] Las cifras de Ph. D. Curtin se deben corregir al alza porque, por ejemplo, donde anota 127 500 entradas para el periodo 1601-1650, E. G. Peralta, *Les mécanismes du commerce esclavagiste (xviie siècle)*, tesis de tercer ciclo EHESS, París, 1977 (mimeo), p. 535, encuentra entre 1595 y 1640, 165 864. Añadamos a esto que entre 1641 y 1650 el asiento oficial de importación de esclavos a América fue totalmente interrumpido. Además, no hay que olvidar que una buena parte de los esclavos con destino a las Antillas inglesas y holandesas pasan de contrabando a la América española.

[111] Así, ya hablé de los robos (en todas las formas posibles e imaginables) de tierras. Pues bien, esos robos continúan durante el siglo xvii, pero se da un fenómeno nuevo que ahora se manifiesta; se trata de las "composiciones de tierras". ¿Qué es esto? El Estado español, siempre a la búsqueda de más y más plata, propone la regularización de los "títulos" (?) de propiedad relativos a las tierras de origen incierto (la mayoría de ellas robadas). Así es como, entre regularización de antiguos robos y nuevas usurpaciones, alrededor de la mitad de la región central de la provincia de Caracas se constituye en propiedad agrícola: cf. F. Brito Figueroa, *Estructura económica del Venezuela colonial,* Caracas, 1963, p. 157. Por todas partes se da este fenómeno de "composiciones", que adquiere tal importancia que F. Chevalier, *La formación de los grandes latifundios en México,* 1956, p. 219, afirma a este respecto que se constituyeron "como la Magna Carta de una hacienda rural afianzada y ampliada".

[112] Quizá se me reproche no haber hecho uso de una fuente, en lo que respecta al problema de la agricultura tanto de Iberoamérica como de Europa, que después de haber dado resultados bastante importantes para la historia de la Edad Media, fue adoptada con demasiado entusiasmo por los "modernistas": se trata de los diezmos. A decir verdad, tengo muchas reservas al respecto, que a continuación expongo.

*a)* En el producto de un diezmo intervienen con frecuencia dos factores: los precios y las cantidades. ¿Cómo interpretarlo? Un movimiento que "sube", ¿lo hace porque representa un aumento real de la producción o porque representa un aumento de los precios? Ciertamente puede haber deflación, pero esto no siempre es posible amén de ser muy difícil y sumamente arriesgado.

*b)* El producto de un diezmo, además, puede aumentar por múltiples razones muy diferentes: porque aumenta la población, por ejemplo; pero esto no significa en absoluto que haya habido aumento de la producción per cápita. Puede haber aumentos debidos a variaciones de superficies cultivadas o pueden intervenir variables pedológicas, como en el sur andino donde se produce, a partir de principios del siglo xvii, una extensión del diezmo a las parcelas de antiguas haciendas alquiladas por los indios forasteros *(arrendires)* que se instalan en los valles del interior.

*c)* ¿Cuál es la parte de las exoneraciones? En la América hispánica no hay que olvidar, por ejemplo, que el pertenecer a una orden nobiliaria trae consigo la exoneración del diezmo; pues

De la actividad agrícola pasamos "a la industrial".[113] Empezamos con
un sector muy particular: las construcciones navales. El comercio entre
España y América no se hace sólo con barcos de construcción española. En este tráfico participan también, bajo pabellón español, barcos
construidos en otros países de Europa y también en América. He aquí
el detalle de los diferentes lugares de construcción de navíos que participaron en los viajes de la *carrera* hasta 1778:[114]

bien, esos nobles son también los propietarios más grandes y su número aumenta exactamente
en el siglo XVII; cf. G. Lohmann Villena, *Los americanos en las órdenes nobiliarias,* Madrid, 1947,
vol. I, pp. XXXVI-XXXVII.

*d)* Sabemos que, como en todo sistema fiscal, hay periodos de mayor o menor capacidad de
exacción: un diezmo puede aumentar o disminuir con relación al "vigor" con que se percibe.
Esto, sin hablar, naturalmente, de los fraudes y de lo que se podría llamar "huelgas" de pago del
diezmo.

Podría añadir más reservas, pero prefiero remitir a las finas observaciones de G. Frêche, "Dîme
et production agricole. Remarques méthodologiques à propos de la région toulousaine", en
J. Goy y E. Le Roy Ladurie (comps.), *Les fluctuations du produit de la dîme,* París-La Haya, 1982,
pp. 214-244, y de E. Morin, "Le mouvement du produit décimal et l'évolution des rapports
fonciers au Mexique, XVIIIe-XIXe siècles", en J. Goy y E. Le Roy Ladurie (comps), *Prestations
paysannes, dîmes, rente foncière et mouvements de la production agricole à l'époque pré-industrielle,* vol. I, París, 1982, pp. 479-487.

Los dos volúmenes editados por J. Goy y E. Le Roy Ladurie son una fuente de primer orden
para Europa en su conjunto (en particular para Francia). ¿Qué podemos deducir de esto? A mi
entender, nada, pues los resultados me parecen contradictorios. Si volvemos a la América ibérica,
dispondremos de una masa importante de diezmos. En el caso de México, además del artículo
citado de E. Morin, podemos remitir a los trabajos de A. Medina Rubio, *La Iglesia y la producción
en Puebla (1540-1795),* México, 1983; W. Borah, "The Collection of Titles in the Bishopic of
Oaxaca during the Sixteenth Century", en *Hispanic American Historical Review,* 21, 1941, pero la
bibliografía es muy extensa; en el caso del Alto Perú, cf. E. Tandeter y N. Watchel, *Precios..., op.
cit.,* p. 62; en el de Guatemala, cf. M. L. Wortman, *Government and Society in Central America,
1680-1840,* Nueva York, 1982, p. 60; para Cuba, cf. L. Marrero, *op. cit.,* vol IV, pp. 216-220; para
el caso de Paraguay, cf. J. C. Garavaglia, "Un capítulo del mercado interno colonial: el Paraguay y
su región (1537-1682)", en *Nova Americana,* I, 1978, p. 38, y la lista está incompleta.

Pues bien, dadas las reservas que acabo de indicar, renuncié a hacer uso de esta clase de
datos, *a pesar de que la mayor parte de ellos mostraba un aumento durante el siglo XVII, lo que
confirmaba mi interpretación de un crecimiento agrícola en América.*

Lo repito, no creo en esos diezmos, pero creo que podemos sacar alguna utilidad de las conclusiones a las que llegan los autores, no tanto por lo que deducen de sus cifras, sino por todos
sus conocimientos respecto de los diezmos.

Por ejemplo, la prudente conclusión de Trabulse me parece aceptable: "la producción campesina
comercial de tipo europeo (probablemente ganado) creció en términos absolutos a través del siglo
XVII" (p. 55). Me parece aceptable porque el autor, en la página 14, observa que "el valor líquido de
los diezmos del obispo subió de pesos 12 239 en 1624 a pesos 42 585 en 1694", pero también se
apresura a indicar que este aumento se debía en buena parte "al perfeccionamiento gradual del sistema administrativo" (p. 14). En resumen, no demuestra ninguna ingenuidad: E. Trabulse (comp.),
*Fluctuaciones económicas en Oaxaca durante el siglo XVIII,* México, 1979.

[113] Para conocer el problema en su conjunto, cf. H. Pohl, "Algunas consideraciones sobre el
desarrollo de la industria hispanoamericana, especialmente textil, durante el siglo XVII", en
*Anuario de Estudios Americanos,* XXVII, 1971.

[114] Según H. y P. Chaunu, *op. cit.,* vol VII, París, 1956, pp. 160-165; L. García Fuentes, *El comercio español con América (1650-1700),* Sevilla, 1980, p. 206; A. García-Baquero González,
*Cádiz y el Atlántico (1717-1778),* vol. I, p. 235. El lector observará que los tres porcentajes

| Periodo | Españoles (%) | Criollos (%) | Otros (%) |
|---------|---------------|--------------|-----------|
| 1506-1550 | 99.30 | 0 | 0.70 |
| 1551-1600 | 82.50 | 2.70 | 15.19 |
| 1601-1650 | 59.33 | 26.51 | 14.14 |
| 1651-1700 | 31.00 | 22.06 | 29.05 |
| 1717-1778 | 22.15 | 4.26 | 73.59 |

Más que cualquier otra consideración, estas cifras nos indican no sólo la decadencia española, sino también cómo se desarrolló durante todo el siglo XVII la actividad de los astilleros americanos, sobre todo de La Habana y de Guayaquil.[115] El aguijón inicial a estas construcciones se lo dio la destrucción de la Armada Invencible, la cual había movilizado todos los recursos del "Imperio". Se hubiera pensado que esto habría hecho que los astilleros españoles hubiesen vuelto a tomar su papel dominante; sin embargo, durante todo el siglo XVII no sucede nada.

Por otra parte, estaríamos en un error si creyéramos que esta actividad de construcción naval durante todo el siglo se concentró en Cuba y que se aplicara solamente a viajes trasatlánticos. Lo cierto es, como veremos en el capítulo IV cuando hablemos de comercio, que se necesitaban barcos para asegurar los numerosos vínculos interamericanos que se consolidaron en el siglo XVII: de Tierra Firme a Cuba, de Venezuela a México, de México a Perú y de Perú a Chile. A esto hay que añadir las construcciones navales fluviales de las cuales poco conocemos pero que evidentemente existieron.[116]

correspondientes a los años 1651-1700 no suman 100. Esto se debe a que L. García Fuentes los ha calculado sobre un total de 930 barcos, que comprenden también 155 barcos de origen desconocido. Si nos atenemos tan sólo a aquéllos de los que se conocen los lugares de fabricación tendremos:

| | |
|---|---|
| Españoles | 289 (37.29%) |
| Criollos | 211 (27.22%) |
| Extranjeros | 275 (35.48%) |

[115] Cf. L. A. Clayton, *Los astilleros del Guayaquil colonial*, Guayaquil, 1978; para el caso de Cuba, L. Marrero, *op. cit.*, vol II, p. 204, sitúa los inicios de la construcción naval a una cierta escala en 1591. Cf. también A. de la Fuente García, *La población libre de Cuba en los siglos XVI y XVII: un estudio regional*, Sevilla, 1990 (mimeo.), p. 29. Brasil también construye naves mas, contrariamente a lo que sucede en la América hispánica, se construyen principalmente por encargos reales: cf. J. R. Do Amaral Lapa. "Memoria sobre a Nau Nossa Senhora de Caridade", en *Estudos Históricos*, 1963, núm. 2, pp. 33-38. Y cf. también, por supuesto, F. Mauro, *Le Portugal, le Brésil et l'Atlantique au XVIIe siècle*, París, 1983, pp. 47 y ss., que ofrece amplia información sobre los astilleros de Bahía, Río de Janeiro y Pernambuco.

[116] Por ejemplo, en lo referente a las construcciones navales sobre el Paraná durante el siglo XVII, cf. J. C. Garavaglia, "Mercado interno...", *op. cit.*, pp. 432-433.

La actividad de la construcción naval es doblemente importante, pues no se trata de una industria en sí, sino que propicia el desarrollo de otras actividades (la textil, por ejemplo para la fabricación de velas, y una rama especial de la agricultura que es la explotación de los recursos forestales).[117]

A esto también hay que añadir una actividad más: la fabricación de armas, en especial piezas de artillería para los barcos de construcción americana y para las fortalezas que proliferan durante el siglo XVII.[118]

Poco sabemos de la actividad textil en América.[119] Los estudios de que disponemos no nos permiten ofrecer una conclusión de conjunto. Cuando, por ejemplo, A. Carabarin[120] nos demuestra el desplome de la producción textil de Puebla y lo relaciona con la baja producción de plata en Perú, que hubiera detenido las exportaciones de Puebla hacia ese país, dudamos en aceptar esta tesis por varias razones, de las cuales la más importante es que la información que tenemos de Perú nos dice que la situación era muy distinta de la que nos describe A. Carabarin. Para empezar, el desplome de la producción minera no es tan grande como se imagina y, además, como se puede comprobar a partir de los cuidadosos trabajos de Miriam Salas de Coloma, después de un periodo de crisis que dura hasta los años sesenta, sigue un fuerte impulso de la producción textil peruana. Miriam Salas de Coloma está en lo cierto al comentar esta cronología y observar que "esta situación de auge [...] envolvió a todos los obrajes del Perú y Bolivia y no así a los quiteños".[121]

---

[117] Por ejemplo, cf. J. J. MacLeod, *Spanish Central America. A Socioeconomic History, 1520-1720*, Berkeley, 1973, pp. 276-279.

[118] Cf. a este respecto A. Vázquez de Espinosa, *Compendio y descripción de las Indias Occidentales*, Washington, 1948, *sub voces:* Astilleros, Armada, Artillería, Fortificaciones, para tener una visión de conjunto sobre los diferentes problemas que acabo de evocar (alrededor de 1630).

[119] Pero cf. el trabajo pionero de H. Pohl, "Das textilgewerbe in Hispanamerika während del Kolonialzeit", en *Vierteljahrschrift für Sozial un Wirtschaftsgeschichte*, vol. 56, 1969, núm. 4, pp. 438-477.

[120] A. Carabarin, "Las crisis de Puebla en los siglos XVII y XVIII. Algunos lineamientos", en *XI International Congress of the Latin American Studies Association*, Universidad Autónoma de Puebla, Iztapalapa, 1983, pp. 1-13. Cf. también J. Bazant, "Evolución de la industria textil poblana (1544-1845)", en *Historia Mexicana*, XIII, 1964, cuyos argumentos me parecen válidos todavía. Por otra parte, si la producción textil baja en Puebla, en otras regiones de la Nueva España está en proceso de desarrollo: cf. J. C. Super, *La vida en Querétaro durante la Colonia, 1531-1810*, México, 1983, pp. 86-98, y J. Tutino, "Guerra, comercio colonial y textiles mexicanos: El Bajío, 1585-1810", en *Historias*, núm. 11, 1985, pp. 35 y ss.

[121] M. Salas de Coloma, "Crisis en desfase en el centro-sur-este del virreinato peruano: minería y manufactura textil", en H. Bonilla (comp.), *Las crisis económicas en la historia del Perú*, Lima, 1986, p. 148. En realidad la producción de los obrajes en Quito es considerable durante el siglo

Este tipo de contradicciones nos impide ver una línea general. Además, en la producción textil de América entran en juego dos variables muy importantes.

Una es que los productos textiles representan (si no en todas partes, sí en algunas regiones) un instrumento fiscal. Se paga el tributo o cualquier otro tipo de imposición fiscal con telas.[122] La otra se refiere a la reafirmación o la desaparición temporal de la producción textil en un determinado lugar, que provoca la competencia de productos extranjeros introducidos oficial o clandestinamente. De esta manera, es casi cierto que las importaciones de seda china a México vía Manila-Acapulco produjeron la decadencia de la industria mexicana de la seda que tuvo su auge en el siglo XVI.[123]

Pero indiscutiblemente, la industria por excelencia de la América hispana fue la extracción minera. La tradición historiográfica desde tiempo atrás señaló la caída de esta actividad del siglo XVII. Pues bien, las investigaciones de Michel Morineau[124] parecen indicarnos que esta tradición era totalmente "falsa". Pero para este efecto remito al lector al capítulo III.

Una actividad más: la construcción. Sobre esto no tenemos demasiados elementos donde investigar. Tan sólo W. Borah,[125] basándose en los trabajos de G. Kubler, ha insistido en la caída progresiva de las construcciones religiosas en el ámbito de México. Pero fuera de las consideraciones de orden general que expuse en la introducción, cabe decir que en el caso de América el índice de construcciones de tipo religioso no significa demasiado. Es normal que una vez cumplido el gran esfuerzo por cubrir las necesidades "espirituales" durante el siglo XVI, se frenara la construcción. Sería conveniente saber con precisión qué sucedió después de 1650, pero no lo sabemos. Sin embargo, cualquiera que haya viajado un poco por América habrá visto las iglesias y los conventos del XVII que saltan a la vista y que, como lo sugiere T. Saignes, en el sur andino el movimiento de reconstrucción de igle-

---

XVII: cf. A. Guerrero, "Los obrajes en la Real Audiencia de Quito en el siglo XVII y su relación con el Estado colonial", en *Revista de Ciencias Sociales,* vol. I, 1977, núm. 2, pp. 65 y ss., y Ch. Caillavet, "Tribut textile et caciques dans le nord de l'Audencia de Quito", en *Mélanges de la Casa de Velázquez,* París-Madrid, t. XV, 1979, pp. 329-363.

122 Sobre este punto, cf. F. Silva Santisteban, *Los obrajes en el virreinato del Perú,* Lima, 1964, *passim.* Cf. también L. Escobar de Querejazu, *Producción y comercio en el espacio sur andino. Siglo XVII,* La Paz, 1985, pp. 50 y ss. Para el caso de México, cf. R. Salvucci, *Textiles and Capitalism in Mexico. An Economic History of the Obrajes, 1539-1840,* Princeton, 1987.

123 Cf. W. Borah, *Silk Raising in Colonial Mexico,* Berkeley-Los Ángeles, 1943, pp. 85 y ss.

124 M. Morineau, *Incroyables gazettes…, op. cit.*

125 W. Borah, *The New Spain…, op. cit.,* p. 31.

sias, que muchas veces financiaban los caciques, crece durante el siglo XVII. A esto hay que añadir, hablando del espacio meridional andino, el esfuerzo que se hizo para dotar de ornamentos y de pinturas a esas iglesias,[126] y todo esto sin hablar de las construcciones civiles (públicas y privadas) o militares (el gran sistema de fortificaciones de Cartagena a Callao data del siglo XVII).

A riesgo de pecar de monótono, debo concluir el capítulo llamando la atención del lector sobre el hecho de que si Europa (con excepción cualitativa y cuantitativa de Inglatera y esencialmente cuantitativa de los Países Bajos) acusa un indiscutible retraso de sus actividades productivas (sobre todo en el sector agrícola), la América hispánica, por lo contrario, muestra un incontestable impulso al alza.

---

[126] Sobre este punto, cf. el gran libro de T. Gisbert, *Iconografía y mitos indígenas en el arte*, La Paz, 1980, y J. de Mesa y T. Gisbert, *Holguín y la pintura colonial en Bolivia*, La Paz, 1977; también de los mismos autores, *Monumentos de Bolivia*, la Paz, 1978.

# III. METALES Y MONEDAS, PRECIOS Y SALARIOS

E N LO QUE se refiere a los metales preciosos, existen dos fantasmas que asedian la historiografía europea. El primero está representado en la gráfica de E. J. Hamilton, que fue elaborada hace más de medio siglo.

GRÁFICA III.1. *Importaciones totales de metales preciosos (en pesos)*

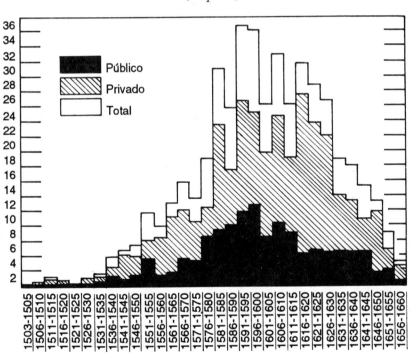

FUENTE: Earl J. Hamilton, *American Treasure and the Price Revolution in Spain, 1501-1650,* Cambridge (Mass.), Harvard University Press, 1934, p. 35.

Siento una inmensa gratitud hacia E. J. Hamilton por todo lo que he aprendido de él, y un enorme respeto por su temple de sabio y de hombre. Así pues, sin negar los méritos que haya podido acumular con sus trabajos de pionero es preciso reconocer que su gráfica debe ser revisada y corregida, sobre todo en lo referente a las conclusiones excesivas que de ella se han obtenido, en especial las que han extrapolado la disminución de los embarques de metales preciosos hacia Europa al final del siglo XVII. Para releer esta gráfica es preciso recurrir a los estudios de D. A. Brading y Harry Gross[1] sin olvidar los esfuerzos originales de A. Jara;[2] pero M. Morineau fue quien hizo la corrección final tal como se puede apreciar en la gráfica III.2.

GRÁFICA III.2. *Llegadas de metales preciosos a Europa provenientes de la América española, 1580-1720 (millones de pesos)*

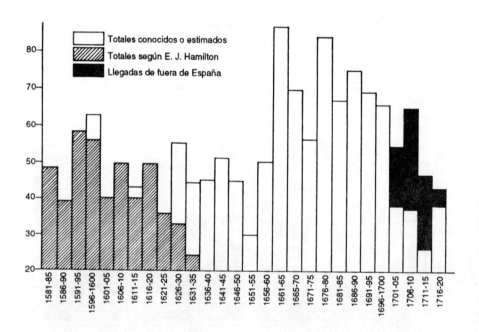

FUENTE: Michel Morineau, *Incroyables gazettes et fabuleux métaux,* París, Cambridge (Mass.), 1985.

[1] D. A. Brading y H. E. Cross, "Colonial Silver Mining; Mexico and Peru", en *The Hispanic American Historical Review,* LII, 1972, núm. 4.

[2] A. Jara, *Tres ensayos sobre economía hispanoamericana,* Santiago de Chile, 1966. Por otro lado, no hay que olvidar que también Europa sigue produciendo metales preciosos; cf. a este respecto el importante ensayo de M. Morner, *Some comparative remarks on colonial silver mining in Lapland and Spanish America during the XVII century* (mimeo).

Las correcciones de M. Morineau son demasiado evidentes, es decir, no hay ninguna disminución en los arribos de metales preciosos a Europa durante el siglo xvii, sino todo lo contrario.

El otro fantasma es todavía más embarazoso. Me refiero a la producción de plata de las minas de Potosí, que está representada en la gráfica III.3.

GRÁFICA III.3. *Producción de plata en Potosí*
*(1556-1737)*

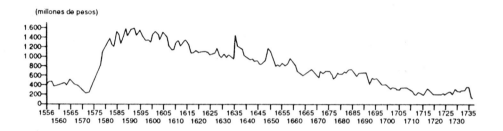

(millones de pesos)

FUENTE: M. Moreyra y Paz Soldán. En torno a dos valiosos documentos sobre Potosí, Lima, 1953, p. 59.

Creo que esta gráfica es, *grosso modo*, válida, si no en cuanto al nivel, por lo menos respecto de la tendencia,[3] pero válida para Potosí.[4] El error que yo también cometí en el pasado comienza cuando se quiere extrapolar a todo Perú el movimiento que se observa en Potosí.

[3] A este respecto, véase D. A. Brading y H. D. Gross, *Silver...*, *op. cit.*, y P. J. Bakewell, "Registered Silver Production in the Potosi District, 1550-1735", en *Jahrbuch für Geschichte von Staat, Wirschaft und Gesellschaft Lateinamerikas*, XII, 1975, pp. 68-103.

[4] Quisiera añadir aún algunas consideraciones sobre la caída de la producción en Potosí. Aun cuando toda la información —estadística o descriptiva, cuantitativa o cualitativa— concuerda para corroborar esta caída en la producción, debemos preguntarnos: ¿y el fraude? Más adelante volveré al tema, pero desde ahora se puede decir que el siglo xvii fue para el comercio internacional un momento mágico para el contrabando; entonces, ¿por qué Potosí hubiera sido la excepción? Una cosa es cierta, y es que la recuperación se anuncia a partir de 1737 que, como por casualidad, es el año de la reducción del impuesto del "quinto" al "diezmo" sobre la producción. Sé muy bien que se me puede objetar que la caída de la producción queda confirmada con la caída del consumo de mercurio en Potosí; pero el hecho es que el mineral que se extraía en el siglo xvii fue tratado sobre todo con amalgama de sal y de un "magistral" (cobre, hierro o incluso simple pirita que se extraía en el mismo Potosí): cf. G. Arduz Eguía, *Ensayo sobre la historia de la minería altoperuana*, Madrid, 1985.

Proceder así significa olvidar que después de la caída de la producción potosina se empezaron a explotar otras minas, tales como Oruro (a partir de 1606), Cerro de Camana (1606), Chila (1613), San Antonio de Esquilache (1619), Caylloma (1626),Uspallata (1638) y Laicocota (1657), pero sobre todo Cerro de Pasco que empieza a proporcionar cantidades importantes de mineral a partir de 1630.[5] Lo que acabo de referir no son simples suposiciones. Una prueba indirecta de este desplazamiento de la producción de Potosí hacia otros centros es que durante el siglo XVII las exportaciones de mulas de Córdoba hacia el Alto Perú reflejan los siguientes cambios de destino:[6]

| Centros de producción | 1630-1660 (%) | 1661-1680 (%) | 1681-1695 (%) |
|---|---|---|---|
| Potosí | 71.5 | 7.8 | — |
| Oruro | 17.0 | 65.2 | 21.9 |
| Potosí-Oruro | 11.5 | 14.7 | — |
| Lima | — | — | — |
| Jauja | — | — | 72.0 |
| Jauja-Cuzco | — | — | 6.1 |

Pues bien, las mulas representan, junto con los hombres, por supuesto, el "motor" de las actividades mineras. Sin mulas no hay plata. Y el desplazamiento de las exportaciones hacia Oruro y Jauja es muestra clara de que las minas de Potosí fueron sustituidas por otras.

El hecho es que la producción de plata se desplazó, pues, del "monstruoso" centro de Potosí hacia otros más pequeños donde se podía defraudar al fisco con mayor facilidad.[7]

Después de otros muchos historiadores, yo también fui a Potosí; me encantaron sus calles, sus plazas, sus iglesias, su monumental Casa de

[5] Cf. M. Bargalló, *La minería y la metalurgia en la América española durante la época colonial*, México, 1955, pp. 215-219. Sobre las nuevas minas puestas en función en México durante el siglo XVII, *ibid.*, p. 209. El pilar de la producción de plata en México fue Zacatecas: cf. el importante libro de P. J. Bakewell, *Silver Mining and Society in Colonial Mexico: Zacatecas, 1546-1700*, Cambridge, 1971. Por supuesto que no olvido que la producción de algunas de esas minas nuevas se viene abajo durante el transcurso del siglo XVII, por ejemplo la de Caylloma; cf. N. Manrique, *Colonialismo y pobreza campesina. Caylloma y el valle del Colca (siglos XVI-XX)*, Lima, 1985, pp. 113 y ss., en especial p. 129; J. Vallaranos, *Historia de Huánuco*, Buenos Aires, 1959, pp. 243 y 257 y ss.

[6] Cf. C. Sempat Assadourian, "Potosí y el crecimiento económico de Córdoba", en *Homenaje al doctor Ceferino Garzón Maceda*, Córdoba, 1973, p. 183, y Z. Moutoukias, *Contrabando y control colonial en el siglo XVII*, Buenos Aires, 1988, p. 53.

[7] A este respecto, cf. P. J. Bakewell, "Registered...", *op. cit.*, p. 81.

Moneda y su gente, pero mi cariño por esa hermosa montaña no es una razón de peso para achacarle la responsabilidad de los destinos económicos del mundo entero o por lo menos de Europa. Responsabilidad que todavía muchos,[8] incluso después de las rectificaciones que se han hecho durante los últimos años, siguen atribuyendo a lo que queda de esa "montaña mágica" (en su fantasía) que es Potosí.

¿Cuál será el punto de apoyo inicial para basar un razonamiento *global y de larga duración,* en lo que se refiere a los metales preciosos? Es preciso inspirarse en la gráfica III.4 que propone Morineau.

El esfuerzo realizado por Michel Morineau debe ser encomiado por todos los historiadores y por todos los economistas, pues nos da pie para empezar a razonar de una manera diferente; pero diferente ¿en relación con qué?

Primero, en relación con esa terminología excesiva de Francois Simiand:[9] las demasiado famosas "fase A", "fase B", etc. Por otra parte, de ahora en adelante, será difícil creer inocentemente en esas fases en lo que se refiere a la relación entre moneda (es decir, los metales americanos) y precios en Europa.

Quedémonos ahora en los metales y en las monedas de Europa y preguntémonos, primero, si existe o no una correlación entre arribos de metales y acuñación de moneda, y segundo, qué sucede con el *stok* monetario europeo.

En cuanto a la primera pregunta, disponemos, que yo sepa, de datos provenientes de Milán, Londres, Lisboa, Venecia y Francia.[10] El conjunto de estos datos nos sugiere un cierto número de consideraciones. Antes de abordarlas es preciso establecer un punto, pues una curva de emisión monetaria se debe interpretar de una manera muy particular dado que en ella interviene toda una serie de factores que dificultan su lectura. En primer lugar, la refundición de monedas viejas altera el

---

[8] "Continúan", pues si el libro de M. Morineau es de 1985, el primer artículo donde anticipa los resultados más importantes de su investigación es de 1969: cf. M. Morineau, "Gazettes hollandaises et trésors américains", en *Anuario de Historia Económica y Social,* t. II, 1969, pp. 289-362; t. III, 1970, pp. 403-421. Yo debería decir aquí mi *mea culpa,* pues yo también creí en la gráfica de Hamilton y en la de Potosí: cf. R. Romano, *Tra due crisi..., op. cit.,* p. 522. Como disculpa sólo puedo decir que en 1962 no disponía de los trabajos de M. Morineau.

[9] Desearía destacar aquí que la terminología es excesiva más allá de lo que proviene directamente de F. Simiand. Nada peor que los malos discípulos...

[10] Cf. C. M. Cipolla, *Mouvements monétaires dans l'état de Milan (1581-1700),* París, 1952; J. D. Gould, "The Royal Mint in the Early Seventeenth Century", en *Economic History Review,* II s., V, 1952; J. Craig, *The Mint. A History of the London Mint from A. D. 287 to 1948,* Cambridge, 1953; F. Mauro, *Le Portugal... op. cit.;* F. C. Spooner, *L'économie mondiale et les frappes monétaires en France, 1493-1680,* París, 1956; S. Becher, "Das österreichische Münzwese vom Jahre 1523 bis 1838", en *Historischer, statistischer. und legislativer Hinsicht,* 2 vols, Viena, 1838.

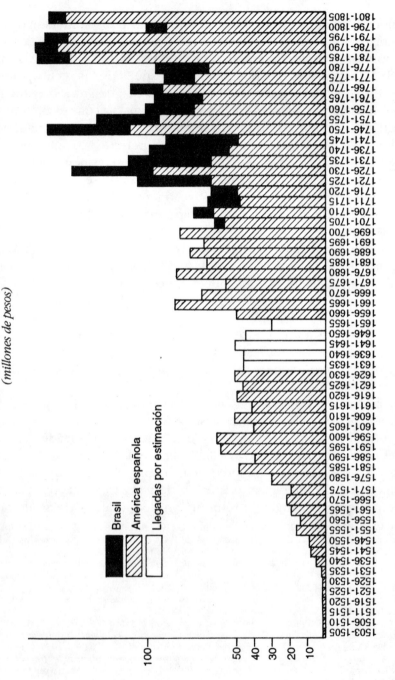

GRÁFICA III.4. *Llegadas de metales preciosos a Europa desde América entre 1503 y 1805 por periodos de cinco años (millones de pesos)*

FUENTE: Morineau, *Incroyables gazettes...*, *op. cit.*, p. 563.

aspecto del movimiento. Añadamos que mientras existe una *emisión* de moneda por parte del gobierno, por parte de los particulares hay una *destrucción*, pues sabemos que en determinados momentos se dio la tendencia a fundir las monedas para extraer los metales preciosos en lingotes. En estas condiciones, la cantidad de monedas en circulación se reduce. Para hacer frente a esta reducción, el Estado puede lanzar un "llamado a los poseedores de metal para llevar a cabo una política del precio del marco" de metal,[11] pero, evidentemente, todo esto altera artificialmente la lectura de la curva de emisión.

Vistas estas distorsiones, me parece difícil obtener una conclusión de conjunto a partir de los datos de que disponemos. Por ejemplo, si nos basamos en el espléndido trabajo de F. C. Spooner,[12] podemos destacar las siguientes fases:

*a)* 1493-1540/1550    = baja de acuñaciones
*b)* 1540/1550- 1580    = alza de acuñaciones
*c)* 1580-1625    = baja de acuñaciones
*d)* 1625-1680    = alza muy ligera de acuñaciones

Esta lectura, en especial la de la fase *d)*, difiere de la que se puede hacer a la "vista" de la curva, porque esta "vista" está corregida por las consideraciones de F. C. Spooner[13] en lo que se refiere a la reforma del vellón y de las conversiones monetarias de los años 1578, 1640 y 1651-1653, así como por el examen de la gráfica[14] donde se dan los cursos de la libra "tournois" y del valor legal del escudo de oro.

En este estado de cosas, es más prudente abstenerse de hacer conclusiones definitivas, aun cuando me parezca que las acuñaciones no aumentan en relación con los arribos a Europa de metales preciosos procedentes de América. La otra pista para tratar de ubicarnos en este complicado terreno es quizá la de la evaluación de la reserva monetaria. Algunos autores[15] se han dedicado a este difícil juego, y confieso

[11] M. Morineau, "Des métaux précieux américains au xviie et au xviiie siècles et de leur influence, en *Bulletin de la Société d'Historie Moderne*, núm. 1, 1977, p. 26.

[12] Spooner, *L'économie mondiale, op. cit...*, pp. 322-323.

[13] *Ibid.*, p. 321.

[14] *Ibid.*, p. 110.

[15] De D. Hume, *Treatise on money*, Londres, 1732, a F. Braudel y F. C. Spooner, "Princes in Europe from 1450 to 1750", en *The Cambridge Economic History of Europe*, vol. 4, Cambridge, 1967, pp. 444-448, pasando por W. Jacob, *An Historical Inquiry into the Production and Consumption of the Precious Metals*, Londres, 1831, vol. 2, p. 53, y A. von Humboldt, "Mémoire sur la production de l'or et de l'argent considérée dans ses fluctuations", separata del *Journal des Économistes*, VII, 1843, pp. 7-38.

que todas sus conclusiones me parecen aventuradas. ¿Cuál de ellas escoger, y por qué? Por supuesto la reserva sube si se toma como hipótesis que en 1500 era de 1 000 y se añaden año con año cantidades más o menos fijas, olvidando que los metales preciosos son (más o menos) perecederos, como lo es cualquier bien material; que los metales preciosos pueden servir para hacer moneda, pero que también, y quizá esto sea más importante, para atesorarlos en lingotes; que los metales tienen usos industriales, etc. Confieso, pues, que la curva creciente casi en forma vertical que dibuja M. Morineau[16] no me convence del todo.

La curva del *stock* de metales sube; de acuerdo, ¿y después? Lo que cuenta no es el *stock* de metales preciosos sino el *sctok* monetario. Se trata, pues, de dos fenómenos diferentes. Veamos ahora dos casos. El *stock* monetario francés que calcula F. C. Spooner[17] no es en absoluto tan lineal como el *stock* de metales preciosos calculado por M. Morineau. Del mismo modo, la fuerte tendencia a la baja del *stock* monetario (y metálico) en Inglaterra entre 1688 y 1698, que calcula Gregory King,[18] representa una buena excepción al optimismo manifestado por el crecimiento progresivo del *stock* metálico.

Pero ciertamente, el *stock* metálico se debe leer a la luz de las otras dos curvas que presento en la gráfica III.5.

Aquí desaparece la franca ascensión lineal, y según se examine la tasa de aprovisionamiento o la de sedimentación (que es igual a la tasa de aprovisionamiento menos las salidas), el razonamiento será diferente. Aquí, se quiera o no, la depresión, la "crisis" del siglo XVII aparece en toda su evidencia: no se volverá a alcanzar jamás el antiguo nivel de fines del XVI; se dibuja una depresión bastante fuerte hasta 1670, con una corta recuperación que termina en una nueva depresión hasta 1730.

Tanto la tasa de aprovisionamiento del *stock* monetario como el movimiento de emisiones monetarias (por lo menos en los casos en que contamos con datos) demuestran que en Europa, en el siglo XVII, no existió una enorme disponibilidad de metal circulante.[19] Podríamos añadir otros

[16] M. Morineau, *Incroyables gazettes... op. cit.,* p. 585, gráfica 41.

[17] F. C. Spooner, *The International Economy and Monetary Movements in France, 1493-1725,* Cambridge, 1972, p. 306.

[18] G. King, *Two Tracts* (G. E. Barnett, comp.), Baltimore, 1936.

[19] En efecto, hay un hecho sobresaliente: la economía del siglo XVII muestra un fuerte retorno hacia las formas de economía natural. Daré algunos ejemplos: en el Imperio, a raíz de un comunicado presentado al emperador por el Parlamento, en 1667, se hace notar la falta de metales preciosos para la acuñación de moneda y se propone que los comerciantes locales "hagan sus compras no con dinero contante sino con mercancías indígenas, por medio del trueque", sobre todo las de los productos que el Imperio tiene que importar; cf. V. Schwinkoski, "Die Reichsmünz-

GRÁFICA III.5. *Tasas de provisión y tasas de sedimentación del stock de metales preciosos en Europa*

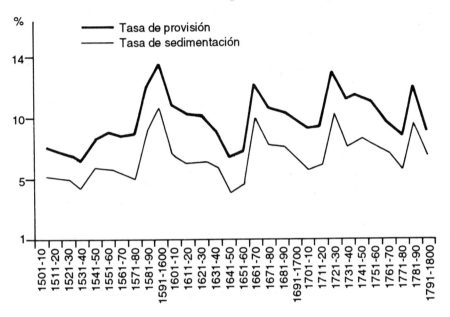

FUENTE: Morineau, *Incroyables gazettes...*, *op. cit.*, p. 585.

síntomas, en especial, la degradación de las monedas europeas en términos reales (peso y aleación) y en relación con la moneda imaginaria.[20]

reforbestrebunen d. Jahre 1655-1670", en *Vierteljahrschrift für Sozial-und Wirtschaftsgeschichte*, 14, 1919, p. 19. Para el caso de Francia, remito a J. Meuvret. *Études d'Histoire Économique*, París, 1971, pp. 131-132. Para Italia, cf. R. Romano y U. Tucci (comps.), *Economia naturale, economia monetaria*, Turín, 1983. Para Portugal, cf. F. Mauro, *Le Portugal...*, *op. cit.*, p. 496, que señala una "penuria de numerario en Lisboa después de 1640", y cf. también E. Hobsbawm, *The General Crisis...*, *op. cit.*, p. 41.

Por encima de todo lo que se puede poner en cifras en términos de cantidades de metales preciosos, éstas son las realidades que subsisten y que cuentan.

[20] A los ejemplos y a la bibliografía que indiqué en mi artículo "Tra due crisi...", *op. cit.*, p. 525, podemos añadir ahora, tratándose de Checoslovaquia, S. Kazimir, "Vyvoy realney hodnoty drobných strieborných minei na Slovenku y rokoch 1526-1771", en *Numismaticky Sborník*, VIII, 1964, en especial las pp. 213-215; para Ginebra, A. M. Piuz, *Recherches sur le commerce de Genève au xviie siècle*, Ginebra, 1964, pp. 403-405; para Hungría, I. N. Kiss, "Money, Princes and Purchasing Power from the xvith to the xviith Century", en *The Journal of European Economic History*, 4, 1975, núm. 2, pp. 399-402; D. Dányi y V. Zimányi, *Soproni árak és béréek a Középkoról 1750-IG*, Budapest, 1989; para Polonia, M. Bogucka, "The Monetary Crisis of the xviith Century and its Social and Psychological Consequences in Poland", en *The Journal of European Economic History*, 4, 1975, núm. 1, pp. 137-152; para el Imperio otomano, R. Mantran, *Istanbul dans la seconde moitié du xviie siècle*, París, 1962, pp. 233 y ss. y gráf. 5; L. Berov, *Dviženieto na cenite na Balkanite prez xvi-xix v. i evropejskata revoljucija na cenite*, Sofía, 1976 (resumen en inglés, pp. 317-322), y del

Pero dejemos lo cuantitativo y pasemos a lo cualitativo. Esto nos indica que en general en Europa, el siglo XVII muestra síntomas innegables de desmonetarización. En todas partes, en distintos niveles, observamos el retorno bastante marcado hacia formas de economía natural. El fenómeno es claro en todo el ámbito europeo[21] y podemos seguirlo con detalle en los diferentes países.[22]

Aprovecho la ocasión para recordar que economía natural no significa economía cerrada, autárquica, sino una economía en la que los *intercambios se basan en el trueque,* y el trueque, aunque a algunos no les parezca, se manifiesta no sólo en las pequeñas transacciones sino también en las grandes.[23]

No se da solamente un "retorno a la economía natural", sino también, y en el mismo sentido, la determinación de fórmulas que permiten minimizar el uso de las especies metálicas y evitar que se pierdan o se atesoren. Estas fórmulas se basan en la utilización de deudas y de créditos que se saldan a veces en especie y a veces con dinero (en este sentido, son muy significativas las relaciones entre campesinos y propietarios).

Más allá de todo lo que se puede cifrar en términos de cantidades, subsisten las realidades que son las que cuentan y que caracterizan una buena parte de la vida económica de Europa en el siglo XVII.

Lo que hemos visto hasta aquí compete a las *exportaciones* de metales preciosos hacia Europa, mas no a la *producción* de estos metales en América. Así pues, es preciso preguntarnos, primero, si existe alguna coincidencia entre metales *producidos* y metales *exportados*. Evidentemente, existe una diferencia, mínima si se quiere, pero diferencia al fin. Siempre he insistido en el carácter "natural" y no "monetario" de la economía de la América ibérica, pero nunca he negado que existiera una reserva metálica que se usaba para llevar a cabo algunas grandes transacciones y para atesorar. A esto es preciso añadir la enorme uti-

mismo autor, "Change in Price Conditions in the Trade between Turkey and Europe in the 16th-19th Century", en *Études Balknaniques,* 10, 1978, pp. 168-178; O. L. Barkan, "Le mouvement des prix en Turquie entre 1490 et 1665", en *Mélanges en l'honneur de Fernand Braudel,* vol. I, Toulouse, 1973, pp. 65-79, y cf. también H. Antoniadis-Bibicou, "Griechland (1350-1650)", en H. Kellenbenz (comp.), *Handbuch der europäischen Wirtschafts-und Sozialgeschichte,* vol. 3, 1986.

[21] Es obligado remitir al gran libro de A. Dopsch, *Naturalwirtschaft und Geldwirtschaft in des Weltgeschichte,* Viena, 1930, pero también a B. Slicher van Bath, *Agriculture in the Vital Revolution...,* op. cit., p. 105: "especialmente durante la depresión del siglo XVII, época en que el dinero era escaso en muchos países y las transacciones se revertían con frecuencia en pagos en productos".

[22] Cf. notas 19 y 20.

[23] Cf., por ejemplo, D. Sella, *Commerci...,* op. cit., p. 13-14, donde se dan ejemplos de comerciantes venecianos que "trabajan" en el Medio Oriente fundamentalmente *a baratto;* pero los ejemplos se pueden multiplicar por millares.

lización de metales preciosos para la orfebrería, fenómeno al que no siempre se le ha prestado la atención que merece.

Por tanto, hay, debe haber, diferencia entre la cantidad de metales *producidos* y la cantidad de metales *exportados*; pero aquí cabe hacerse una segunda pregunta: ¿es esta diferencia constante o presenta variaciones de una época a otra?

Veamos ahora los problemas que hemos examinado en Europa y retomémoslos en el ámbito americano, es decir, los que se refieren a las emisiones monetarias y a la reserva disponible.

Procedamos por orden. Los periodos de funcionamiento de las casas de moneda durante la época colonial en Hispanoamérica fueron los siguientes:[24]

> México (1536-1821)
> Santo Domingo (1542-1595)
> Lima (1568-1824)
> La Plata (1573-1574)
> Potosí (1575-1821)
> Santa Fe (1622-1820)
> Cuzco (1697-1824)
> Guatemala (1733-1821)
> Santiago de Chile (1749-1817)
> Popayán (1758-1822)

En el caso de Brasil, las emisiones comienzan a fines del siglo XVII:[25]

> Bahía (a partir de 1695)
> Pernambuco (a partir de 1702)
> Río de Janeiro (a partir de 1703)
> Ouro Preto (a partir de 1724)

¿Qué sabemos de la producción en todas esas casas de moneda? Muy poco desde el punto de vista estadístico, antes del siglo XVII, pero a pesar de todo veamos un primer punto fuerte: las emisiones mexicanas por "reinado":[26]

[24] Cf. J. Toribio Medina, *Las monedas coloniales hispanoamericanas*, Santiago de Chile, 1919.

[25] Cf. O. Onody, "Quelques aspects historiques de l'or brésilien", en *Revue Internationale d'Histoire de la Banque*, 4, 1971, pp. 272-273, y cf. también N. C. de Costa, *Historia das monedas do Brasil*, Porto Alegre, 1973. Es preciso subrayar que las emisiones de Bahía, Pernambuco y Ouro Preto fueron muy irregulares y duraron pocos años: la única casa de moneda con una producción abundante y regular fue la de Río.

[26] Cf. E. Rosovsky Fainstein, "Introducción" a F. de Elhuyar, *Indagaciones sobre la amonedación en Nueva España (1818)*, México, 1979, pp. XIII-XIV. Agradezco a Pedro Canales el haberme indicado esta edición de la obra de Fausto de Elhuyar.

| Reinado (años) | Emisiones (pesos) |
| --- | --- |
| 1536-1556 | 38 400 |
| 1556-1598 | 122'300 000 |
| 1598-1621 | 74'300 000 |
| 1621-1665 | 161'500 000 |
| 1665-1700 | 145'691 486 |
| 1700-1746 | 369'092 354 |
| 1746-1759 | 166'821 062 |
| 1759-1788 | 466'742 317 |
| 1788-1808 | 452'322 925 |
| 1808-1821 | 169'057 647 |

Para ver más claro, es útil reconstituir las medidas anuales para cada uno de esos "reinados":

| Reinados | Medidas anuales |
| --- | --- |
| 1536-1556 | 1 920   pesos |
| 1556-1598 | 2 904 762 |
| 1598-1621 | 3 230 434 |
| 1621-1665 | 4 750 000 |
| 1665-1700 | 4 162 137 |
| 1700-1746 | 8 023 747 |
| 1746-1759 | 12 832 389 |
| 1759-1788 | 16 094 562 |
| 1788-1808 | 22 616 146 |
| 1808-1821 | 13 004 433 |

Se trata de cifras aproximadas, pero destaquemos que durante 1690-1803 estas cifras "casan" muy bien con las que da A. von Humboldt.[27] Lo que resalta de una manera clara es que durante el siglo XVII, la Casa de Moneda de México tuvo emisiones monetarias superiores a las del siglo XVI.[28]

Otra casa  del siglo XVII que conocemos bien es la de Santa Fe de Bogo-

[27] A. von Humboldt, *Ensayo político...*, *op. cit.*, p. 386. Además "casan" muy bien con las cifras de producción de la planta en México, para lo cual cf. J. F. TePaske y H. S. Klein, *The Seventeenth Century Crisis...*, *op. cit.*, cuadro I, en el que la "la producción de plata no declina, como generalmente se supone" (p. 134).

[28] Cf. A. M. Barriga Villalba, *Historia de la Casa de Moneda*, 3 vols., Bogotá, 1969.

tá, que muestra un alza sostenida,[29] lo cual no debe confundirnos, pues un testigo de la época asevera con toda firmeza que las emisiones no representaban ni 20% del oro que se extraía de las minas colombianas.[30]

En resumen, los dos únicos puntos que se conocen de una manera satisfactoria para el siglo XVII muestran un movimiento sostenido de sus emisiones, es decir, todo lo contrario de las casas de moneda europeas de las que ya he hablado. De ahí, pues, que el expediente estrictamente estadístico del siglo XVII[31] esté agotado.

Por el momento, sólo nos resta abordar lo cualitativo. ¿Qué nos deja ver lo cualitativo? Si vemos la lista que aparece más arriba de las fechas oficiales de funcionamiento de las casas de moneda en la América ibérica, tenemos la impresión, sólo la impresión, de que la América española, desde el siglo XVI, ya tenía resuelto en gran parte el problema de la fabricación de monedas (en el caso de Brasil hay que esperar hasta fines del XVII e incluso principios de XVIII).

Sin embargo, todo esto es tan sólo en apariencia. Efectivamente, si la Casa de Moneda de México tiene una vida regular y continua; si Potosí sigue la misma trayectoria (con una producción de moneda de muy mala calidad), no sucede lo mismo con la Casa de Moneda de La Plata, que funcionó dos años, ni con la de Santo Domingo, donde las emisiones fueron insuficientes y discontinuas. La Casa de Moneda de Lima comienza a trabajar en 1568 y detiene su actividad en 1571; vuelve a funcionar entre 1575 y 1588, pero su verdadera puesta en marcha (una verdadera refundación) data de 1683.[32]

Si reconstruimos, pues, el calendario según el funcionamiento efectivo durante el siglo XVI, México y Potosí aparecen como los pilares de la acuñación de moneda en todo el continente. En el siglo XVII se unen Santa Fe de Bogotá (a partir de 1622) y Lima (a partir de 1683). Es, pues, en el siglo XVII cuando el número de casas de moneda en funcionamiento se duplica realmente: se da una verdadera refundación que más tarde, en el siglo XVIII, será perfeccionada y completada. En lo que se refiere a la América portuguesa, antes de establecer sus propias casas de

---

[29] En comparación con las emisiones de piezas de oro, las de plata bajan. Pero no hay que asombrarse de ello. Estamos en Colombia, zona productora esencialmente del metal amarillo.

[30] Citado en G. Colmenares, *Historia económica y social de Colombia,* Bogotá, 1973, p. 232.

[31] En el siglo XVIII la situación es la siguiente: para México, cf. las notas 2 y 27; para Lima, cf. A. flores Galindo, *Aristocracia y plebe. Lima, 1760-1830,* Lima, 1984, p. 253; para Santiago de Chile, cf. Romano, *Una economía colonial: Chile en el siglo XVIII,* Buenos Aires, 1965; para Bogotá, cf. nota 28; para Brasil, cf. O. Onody, *Quelques aspects..., op. cit.,;* para Guatemala, cf. M. L. Wortman, *Government..., op. cit.,* Nueva York, 1982.

[32] Cf. Toribio Medina, *Las monedas..., op. cit.,* pp. 157 y ss. y 139 y ss.

moneda aseguraba la circulación de dinero con importaciones de moneda portuguesa[33] y mediante el drenaje de monedas peruanas.[34]

Por el momento no pretendo ofrecer "conclusiones" de todo esto. Sin embargo, y a pesar de todo, se puede ya trazar un primer cuadro de la situación:

*a)* no es cierto que la producción de metales preciosos haya disminuido en la América española durante el siglo xvii;

*b)* en lo que se refiere a la moneda, en los casos en que disponemos de elementos estadísticos, los datos nos indican que durante ese mismo siglo hay un aumento de acuñación de moneda en América, y

*c)* La estructura productora de las casas de moneda se fortalece durante el siglo xvii.

Estos puntos son seguros, pero es preciso reconocer que no responden a las preguntas planteadas más arriba en cuanto a saber cuál es la diferencia entre las cantidades de monedas *producidas* y *exportadas*. En otros términos, cabe preguntarse si durante el siglo xvii un *stock* monetario más grande no quedaría a disposición de las colonias hispanoamericanas.

Para responder es preciso recurrir a los estudios de Herbert S. Klein y John J. TePaske,[35] y la conclusión que sacamos es que la plata permanece cada vez más en su lugar de origen para hacer frente a las diferentes tareas locales de administración y de defensa: "las cuentas de las cajas hispanoamericanas recién construidas muestran en realidad que la Corona gastaba una *proporción mayor* [las cursivas son mías] de sus ingresos fiscales en las colonias que la enviada a la metrópoli".[36] Esta cantidad creciente, que se queda en América, es lo que permitirá, como veremos en el capítulo iv, un aumento de las importaciones.

Una vez expuesto esto, ¿qué conclusiones podemos sacar para nuestro estudio comparativo de Europa y América de la crisis del xvii? Empiezan ya a aparecer indicios de situaciones opuestas. Para mejor responder, es preciso integrar otro factor a los elementos presentados hasta ahora respecto de los metales preciosos y de las monedas. Se trata de los precios.

---

[33] O. Onody, *Quelques aspects..., op. cit.*, pp. 270 y ss.

[34] Cf. el libro clásico de A. Pfiffer Canabrava, *O comercio portugues no Rio de Prata (1548-1640)*, Sâo Paulo, 1944, y Z. Moutoukias, *Contrabando..., op. cit.*, pp. 46 y ss.

[35] Cf. H. S. Klein y J. J. TePaske, *Royal Treasury of the Spanish American Empire*, 3 vols, Durham, 1982, y de los mismos autores, *Ingresos y egresos de la Real Hacienda en México*, 2 vols, México, 1985.

[36] H. S. Klein, *Últimas tendencias..., op. cit.*, p. 43. Por supuesto, queda por resolver el problema del tipo social de circulación de este dinero que permanece en América. Más adelante trataré de responder a esta pregunta.

GRÁFICA III.6. *Precios del trigo en Europa*
*(en moneda de cuenta)*

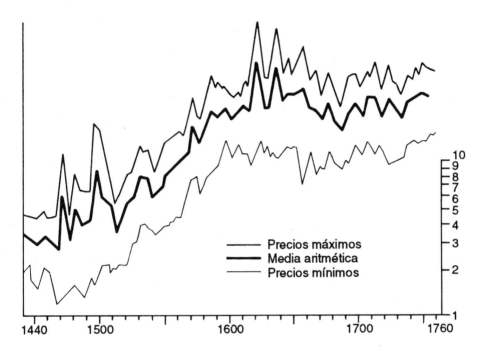

Precios máximos
Media aritmética
Precios mínimos

FUENTE: F. Braudel y F. C. Spooner, "Prices in Europe from 1450 to 1750" en *The Cambrige Economic History of Europe IV.* Cambridge, 1967, p. 475.

Cuando hablamos de los precios en Europa, el punto de partida obligatorio son las dos gráficas elaboradas por F. Braudel y F. C. Spooner. ¿En qué se diferencian? La gráfica III.6 está calculada en moneda imaginaria y la III.7 en gramos de plata.

Si consideramos la gráfica III.7, podemos escoger entre dos momentos cruciales, 1590 o 1630, como indicadores del inicio del siglo XVII y su baja secular. Por lo contrario, si se examina la gráfica III.6, se tiene que aceptar que después de la gran crisis de 1610-1622 todo cambia.

Yo prefiero los precios en moneda imaginaria, y mi opción está dictada por el hecho de que estamos ante economías poco monetarizadas. La pregunta es la siguiente: ¿en qué pagaba el comprador de pan o de harina?, y sobre todo, ¿cómo calculaba los precios? En lo que

GRÁFICA III.7. *Precios del trigo en Europa*
*(en gramos de plata)*

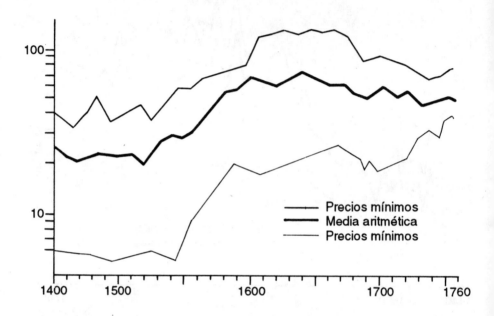

FUENTE: F. Braudel y F. C. Spooner, "Prices in Europe from 1450 to 1750", *op. cit.*, p. 470.

se refiere al cálculo, la respuesta es simple y categórica: en libras, en *sous* y en denarios... en resumidas cuentas, en moneda imaginaria. En cuanto a los modos de pago, la respuesta es igualmente sencilla y en la nota 19 de este mismo capítulo se dan ejemplos en los que se pueden encontrar elementos respecto de este punto.[37]

Está, pues, muy claro. Si verdaderamente queremos entretenernos en hacer esas famosas conversiones en metal tendríamos que efectuarlas en gramos de cobre o de vellón pues, se quiera o no, la mayor par-

[37] Para abundar en consideraciones críticas sobre estas gráficas y sus lecturas, permítaseme remitir al lector a R. Romano, "Some Considerations on the History of Prices in Colonial America", en L. Johnson y E. Tander (comps.), *Essays on the Price History of Eighteenth-Century Latin America*, Albuquerque, 1990, pp. 63-65.

te de las transacciones se hacían exactamente en una moneda pequeña; pero hay un elemento más contra los precios expresados en gramos de metales preciosos, y es que la curva que se obtiene no traduce sino la realidad de los movimientos de los metales tomados en consideración y elimina totalmente los otros factores que verdaderamente componen un precio.[38]

Nos da hasta un poco de vergüenza tener que recordar algunas verdades básicas: la formación de los precios se efectúa, en particular en las sociedades preindustriales, esencialmente por la oferta (en gran parte local) de bienes y la demanda (número de personas que *realmente* pasan por el mercado, mas no por la población, considerada de manera general, aun cuando ésta ejerza una cierta relativa influencia sobre la oferta). Esta relación oferta/demanda se expresa con signos monetarios (imaginarios y físicos). Aun suponiendo (pero aquí se trata de un ejercicio académico) que la mediación entre oferta y demanda se realice por intermediación de monedas metálicas, contantes y sonantes, y si transformamos los precios en gramos de metal, se escamotean (y no hay otra palabra para decirlo) los dos elementos fundamentales de la oferta y la demanda, pero sobre todo de la oferta: así, para explicar la fuerte baja del precio del trigo que se dio en toda Europa entre 1650 y 1660, no vale la pena recurrir a los metales preciosos. Sencillamente se prestará atención a la serie de cosechas excepcionalmente buenas de esos mismos años.[39] Con gran sabiduría, W. Abel escribe como conclusión de su libro: "al principio de la investigación se situaron las fases seculares de los precios de los cereales. No fue posible explicarlas de manera satisfactoria con las fluctuaciones de la circulación monetaria".[40]

Ciertamente, a partir de los años veinte del siglo XVII y hasta 1740 (*grosso modo* y con diferencias geográficas), los precios de los cereales (que son el producto piloto) están en Europa bajo el signo de la estabilidad e incluso de la baja, mientras que los precios de los productos manufacturados manifiestan una resistencia más grande. *Sed de hoc, satis est.*

¿Y qué sucede en el lado americano?[41] Contamos con algunos ele-

---

[38] Creer que los precios dependen de las cantidades de metales preciosos que existen en el mercado y que, *por ende*, los precios revelan esta cantidad, es un procedimiento bastante ingenuo contra el cual advertía A. von Humboldt desde el siglo XIX; cf. A. von Humboldt, *Mémoire sur la production...*, *op. cit.*

[39] M. Morineau, *Incroyables gazettes...*, *op. cit.*, p. 257.

[40] W. Abel, *Agrarkrisen...*, *op. cit.*, pp. 265-266.

[41] Para más detalles sobre el problema de los precios en América, me permito remitir al lector a R. Romano, "Algunas cosideraciones sobre la historia de precios en América Colonial", en *HISLA*, núm. 7, 1986, pp. 65-103.

GRÁFICA III.8. *Precios de productos locales, americanos*
*y europeos en Córdoba*

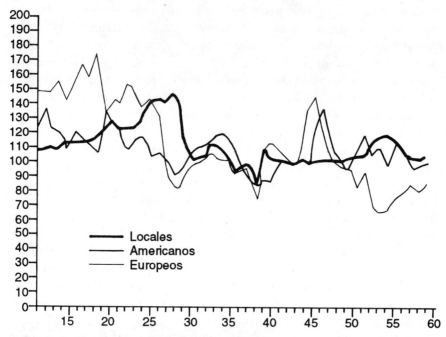

FUENTE: A. Arcondo, 'Los precios en una economía en transición. Córdoba durante el siglo XVIII", en *Revista de Economía y Estadística*, XV, 1971, p. 15.

mentos, pero antes de hablar de ellos es necesario establecer una distinción que considero fundamental: en la América ibérica siempre es necesario distinguir tres grupos de productos (y de precios):

*a)* precio de los productos de origen local (por ejemplo, maíz consumido en un lugar cercano al de producción);

*b)* precio de los productos de origen americano pero no locales (por ejemplo los precios del azúcar producido en Perú pero consumido en Chile), y

*c)* precio de los productos de origen europeo.

El movimiento de precios de estos tres grupos de productos puede concordar dentro de la tendencia general, pero con velocidades y niveles diferentes.[42] Aníbal Arcondo nos da una prueba espectacular de este fenómeno en la gráfica III.8.

[42] Por supuesto, si no se toma en cuenta esta triple distinción, los índices "generales" que se calculan corren el riesgo de estar gravemente alterados.

Esta gráfica nos muestra de una manera muy clara que los precios de los productos "locales" en Córdoba, de 1711 a 1730, continúan subiendo y que después bajan, mientras que los precios de los productos de origen europeo y americano empiezan su movimiento a la baja más temprano.

Prosigamos. La prudencia nos dice que le echemos un vistazo a las series de precios, producto por producto o por grupos de productos homogéneos, sobre todo agrícolas. Comencemos por los productos alimenticios de base, es decir, maíz y trigo, en diferentes países.

He aquí cuatro gráficas (de la III.9 a la III.12) que cubren bastante bien la América española en su conjunto aunque no estén incluidos espacios importantes como Venezuela, Río de la Plata, Colombia, Ecuador y Guatemala. La falla de estas cuatro gráficas es que no abarcan bien el siglo XVII, pero debemos contentarnos con lo que tenemos.

Comencemos por México. Las gráficas III.9 y III.10 nos muestran

GRÁFICA III.9. *Precios del maíz en la ciudad de México*
*(1525-1810)*

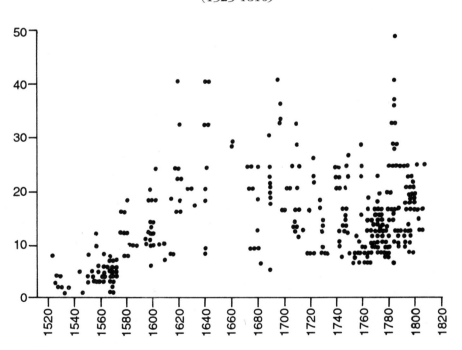

FUENTE: Ch. Gibson, *The Aztecs under Spanish Rule,* Stanford, 1964, p. 314.

GRÁFICA III.10. *Precios del maíz en la "Albóndiga" de México*
*(1721-1814)*

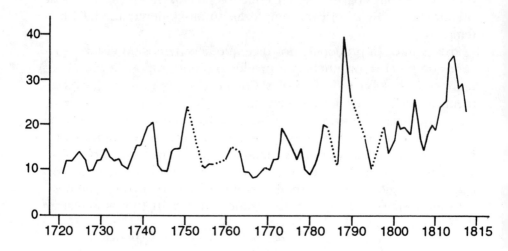

FUENTE: E. Florescano, *Precios del maíz y crisis agrícolas en México (1708-1810)*, México, 1969, *op. cit.*, p. 11.

claramente la tendencia al estancamiento de los precios del maíz durante el siglo XVIII a pesar de que hubo algunas alzas bruscas. Por tanto, Enrique Florescano tiene razón cuando dice que "la curva de precios del maíz se ve constantemente deprimida por caídas profundas que impiden la formación de una tendencia de alza continua. Esto se confirma también por la lectura de los números índice de los años de mínimo cíclico y de las medias cíclicas".[43]

[43] E. Florescano, *Precios del maíz y crisis agrícolas en México (1708-1810)* México, 1969, pp. 180-181. A los precios dados por Gibson y Florescano, es preciso añadir las series publicadas por C. L. Guthrie, "Colonial Economy: Trade, Industry and Labor in Seventeenth Century México City", en *Revista de Historia de América*, núm. 5, abril de 1939, y R. Garner, "Prix et salaires à Zacatecas", en *Cahiers des Amériques Latines*, núm. 6, 1972; S. Galicia, *Precios y producción en San Miguel el Grande, 1661-1803*, México, 1975; cf. también para el siglo XVIII, R. L. Garner, "Prices and Wages in Eighteenth Century Mexico", en L. L. Johnson y E. Tandeter (comps.), *Essays...*, *op. cit.*, pp. 73-108. La curva que dibuja C. L. Guthrie en su primer artículo muestra, sin duda, una tendencia al estancamiento; pero quisiera hacer notar que esta curva está construida con base en precios oficiales, es decir, los precios establecidos por el Cabildo; contienen, pues, por su propia naturaleza, una especie de fuerza que los arrastra hacia abajo. El artículo de R. Gardner es muy interesante, pero sus conclusiones (a favor de una cierta tendencia al alza) están viciadas por dos elementos: primero, lo insuficiente de las fuentes de consulta (apenas 14 años de precios del maíz entre 1753 y 1819) y, además, el hecho de que R. Gardner no toma nunca en

Procedamos dando pasos hacia atrás, siempre en el caso de México, con la ayuda de la gráfica III.9 en especial. Esta gráfica nos presenta ante todo un fenómeno sobre el que vale la pena detenernos un momento: trace una línea alrededor de 25 reales y aparecerá que todos los máximos más allá de los 25 reales se sitúan en el siglo xvii, salvo la punta excepcional de la gran hambruna de 1786 (el "año del hambre"). A la inversa, la concentración más fuerte de precios inferiores a los 10 reales se manifiesta después de 1740. Se puede, pues, afirmar, haciendo a un lado la búsqueda de tendencias al alza o a la baja, que el siglo xvii se presenta como un siglo de precios altos, mientras que el xviii, a partir de 1730-1740, se caracteriza por los precios bajos.

Esta misma impresión queda confirmada con los precios del trigo y de la harina en Santiago de Chile (gráfica III.12), cualesquiera que sean

GRÁFICA III.11. *Índice anual de los precios agrícolas en Potosí*

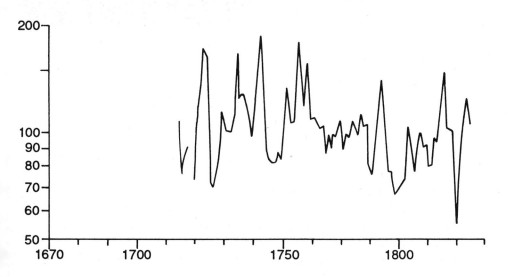

FUENTE: E. Tandeter y N. Wachtel, *Precios y producción agraria. Potosí y Charcas en el siglo xviii*, Buenos Aires, s. p. i., p. 72.

consideración el que para establecer una tendencia al alza no se trata de saber si existen puntas agudas, sino de ver si después de esas puntas no aparece una caída vertiginosa que arrastra consigo toda esa tendencia.

GRÁFICA III.12. *Medias quinquenales de precios del trigo y de
la harina en Santiago de Chile*

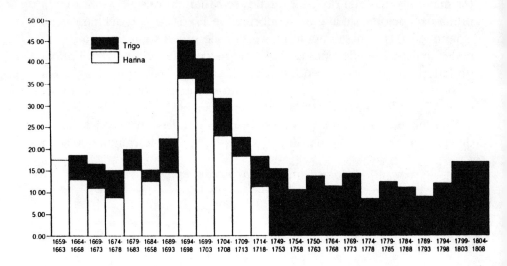

FUENTE: A partir de datos de A. Ramón y J. M. Larrain, *Orígenes de la vida económica
chilena,* Santiago de Chile, 1982, pp. 402-405.

las reservas que se puedan expresar al respecto.[44] Aquí también queda
claro que el periodo de precios altos es el que se refiere al siglo XVII.

Vayamos ahora a Potosí. En este caso, la gráfica III.11 nos muestra que
a partir de 1682[45] se observa una constelación de precios altos hasta
1712 en la quinoa, el maíz morocho, la patata y el chuño. Estos precios
altos se transforman en una fase de franca alza hasta 1760; después
viene una caída; pero en el caso de Potosí hay un precio que debe lla-
marnos la atención pues es ejemplar en cierto modo: el del borrego.

Aquí observamos con facilidad que los precios son estables entre 1680
y 1725 y que después descienden hasta 1750; a partir de ese momento, el

---

[44] ¿Cómo no mostrar cierta reserva cuando, por ejemplo, encontramos que en los años 1659-
1663, el índice para el trigo es 17.48 y el de la harina es 17.37? El sentido común nos dice que el
precio de trigo *no puede* ser superior al de la harina, excepto si uno se topa con un molinero
filántropo; pero esto entraría dentro del orden de los milagros.

[45] E. Tandeter y N. Wachtel, *Precios..., op. cit.,* pp. 50-51.

Gráfica III.13. *Precio de un borrego en Potosí (1680-1810)*

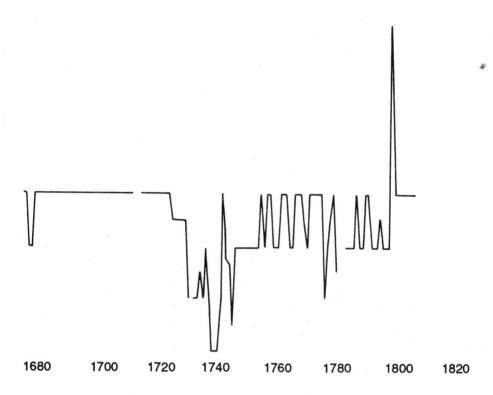

| 1680 | 1700 | 1720 | 1740 | 1760 | 1780 | 1800 | 1820 |

Fuente: Cortesía de E. Tandeter y N. Watchel.

movimiento adquiere la forma de dientes de sierra en donde la parte más alta alcanza tan sólo el nivel de la fase inicial. Me parece interesante, tratándose de un producto de base como es el borrego, que los precios *más altos* durante la segunda mitad del siglo xvii correspondan a los precios *normales* que prevalecieron en el periodo 1680-1730. Dije que la gráfica III.13 me parece ejemplar por la sencilla razón de que no persigo tanto las cimas (por no hablar de las simas) cíclicas, sino que me interesa mucho más, dentro del contexto de este estudio, situar los periodos de precios altos y compararlos con los precios de precios bajos.

Esta manera de ver las cosas me permite hacer uso de un trabajo sobre los precios en Arequipa[46] entre 1627 y 1767. Se trata de un expe-

[46] R. Boccolini y P. Macera, *Precios de los colegios de la Compañía de Jesús: Arequipa (1627-1767)*, Lima, s. f. (mimeo.), p. 23. Existe otro expediente del mismo tipo para Lima, que elabo-

diente más que de un libro (no hay en él ni una palabra de presentación, únicamente cuadros) en el que los autores han resumido una serie de datos referentes a algunos productos. ¿Qué se puede deducir de esto? Existen dos lagunas totales de documentación en cuanto a los precios del maíz durante esos 140 años; una entre 1689-1722 y otra entre 1748-1754. Quedan, pues, 101 años para los cuales tenemos 46 indicaciones de precios. Es por tanto inútil pensar en establecer una gráfica, pero podemos utilizar estos datos aprovechando su carácter aleatorio. Veamos cómo:

*a)* entre 1627 y 1686 el precio máximo que aparece es de 72 reales la fanega, mientras que el mínimo es de 32 reales; entre 1723 y 1767, el precio más alto es de 47 reales la fanega y el mínimo de 20.66;

*b)* el *modo* de los precios durante el periodo 1627-1688 se sitúa entre 45 y 55 reales (13 precios sobre 24); en el periodo siguiente, 1723-1767, el *modo* se sitúa entre 25 y 35 (13 precios sobre 24).

Queda claro, pues, que estos modestos ejercicios nos muestran que otra vez estamos ante un primer periodo de precios altos que se opone a un segundo periodo de precios bajos.

Continuando con el maíz (y no sólo para el maíz), hay un estudio reciente muy importante, de K. W. Brown,[47] que nos muestra también que durante el siglo xvii hubo una fuerte concentración de precios altos en Arequipa.

Los datos relativos a los productos agropecuarios que nos proporciona A. Arcondo[48] en el caso de Córdoba no aportan mucho para el propósito de mi trabajo por el periodo que cubren (1711-1761). A pesar de ello, me gustaría llamar la atención sobre el siguiente hecho: si se aplica a la serie de Córdoba el mismo procedimiento que apliqué para los precios del maíz en Arequipa, llegamos a la conclusión de que, tratándose del conjunto de los productos agrícolas y ganaderos de origen local, la zona de precios altos se sitúa entre 1711 y 1740, mientras que los precios bajos aparecen entre 1740 y 1761.

Examinemos ahora el caso de Brasil. Comencemos una vez más por

---

raron R. Jiménez y P. Macera, pero en éste el periodo que se incluye es demasiado corto y tiene frecuentes lagunas, por lo que no quiero tomarlo en cuenta aquí. Agradezco a P. Macera el haberme proporcionado estos dos preciosos instrumentos de trabajo.

[47] K. W. Brown, "Price Movements in Eighteenth Century Perú-Arequipa", en L. L. Johnson y E. Tandeter (comps.), *op. cit.*, pp. 176-177.

[48] Además del artículo citado de A. Arcondo, cf. del mismo autor, *Córdoba: une ville coloniale. Étude des prix au xviii siècle,* tesis de tercer ciclo del EPHE (VI sección), París, 1969 (mimeo.). Este trabajo está ahora recogido en A. Arcondo, *El ocaso de una sociedad estamental – Córdoba entre 1700 y 1800,* Córdoba 1992.

GRÁFICA III.14. *Índices económicos en Bahía*

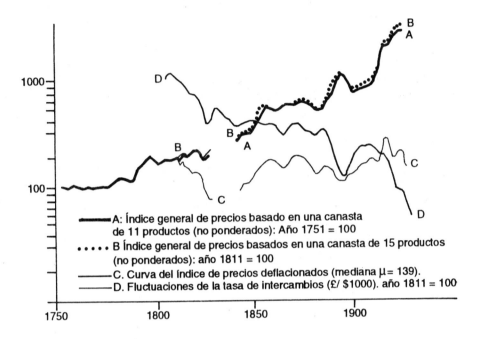

Fuente: K. de Queirós Mattoso, "Os preços na Bahia de 1750 a 1930", en AA.VV, *L'histoire quantitative du Brésil de 1800 à 1930,* París, p. 179.

el siglo XVIII. Aquí disponemos de un índice general de precios de 11 productos, en Bahía, entre 1751 y 1950 (véase la gráfica III.14).

Confieso que esta gráfica no me convence demasiado pues no comprendo cómo se elaboró. Sin embargo, me parece confirmar una cierta tendencia al estancamiento de precios durante la segunda mitad del siglo XVIII. Esta misma impresión se ve reafirmada en la gráfica III.15, que nos ofrece los precios del arroz, de la harina de mandioca, del frijol y del trigo en Río de Janeiro entre 1710 y 1820. En esta ocasión el estancamiento claramente persiste por lo menos hasta 1780-1785. Mi lectura es prudente, pues el propio H. B. Johnson, Jr., afirma lo siguiente cuando se refiere al conjunto de los tres productos que constituyen la base esencial de la alimentación brasileña (harina de mandioca, carne seca y manteca):

la aparente irregularidad que se observa año con año, con una tendencia a largo plazo poco discernible y el hecho de que en el caso de la harina de trigo y la manteca el nivel general de precios a fines del periodo (*ca.* 1820) no es más alto de lo que fue al principio.[49]

Y volviendo al siglo XVII, corroboramos que contamos con muy pocos elementos. En primer lugar, están los precios del azúcar y de los esclavos.

Los precios no dejan de subir de 1620 a 1675;[50] después viene una brusca caída que dura hasta 1690; más adelante, se observa una franca recuperación hasta 1700; después de esta fecha, se da otra caída que dura

GRÁFICA III.15. *Precios en Río de Janeiro*

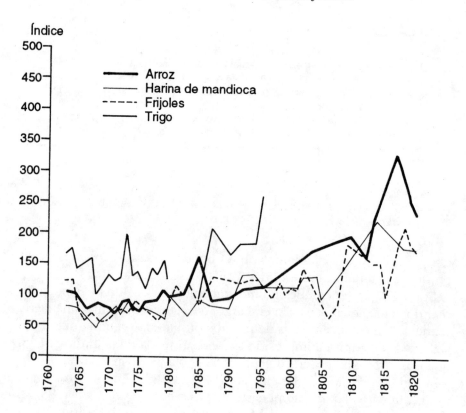

FUENTE: H. B. Johnson Jr., "Money and Prices in Rio de Janeiro", en AA.VV, *L'histoire quantitative du Brésil, op. cit.,* p. 46.

[49] H. B. Johnson, Jr., *op. cit.,* pp. 47-48.
[50] Sobre este mismo tema, cf. también F. Mauro, *Le Portugal...,* op. cit., 1983, p. 282.

GRÁFICA III.16. *Precios del azúcar y de los esclavos (1620-1720)*

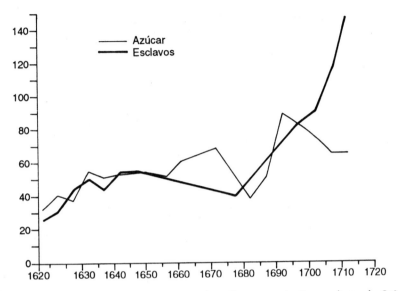

FUENTE: *S. B. Schwartz,* "Free Labour in a Slave Economy: the Lavoradores de Caña of Colonial Habra", en *Colonial Roots of Modern Brasil,* compilado por D. Allen, Berkeley, 1973, p. 194.

hasta 1720. Sin embargo, es preciso observar que los precios de estos últimos años se mantienen en niveles tan altos como el máximo alcanzado en 1675.[51] Un estudio reciente de Dauril Alden[52] nos ofrece una confirmación tanto del precio de los esclavos como del azúcar entre 1690 y 1769.

Quizá mis consideraciones le parezcan monótonas al lector, pero debo confesar que para mis oídos son como una dulce música que confirma este aspecto, fundamental a mi manera de ver, de la coyuntura inversa americana en relación con la coyuntura europea. Ya sea que se trata del siglo XVII (que *grosso modo* llega hasta 1740) o del XVIII, el movimiento de precios de los productos agropecuarios es inverso al movimiento de precios de estos productos en Europa.

Todavía nos queda por examinar dos aspectos más relacionados con los precios: *a)* el problema de los precios de los productos incluidos en

[51] Tomaré en consideración los precios de los esclavos más adelante, cuando hable de los productos objeto de comercio internacional.

[52] D. Alden, "Prince Movements in Brazil before, during and after the Gold Boom, with Special Reference to the Salvador Market (1670-1769)", en L. L. Johnson y E. Tandeter (comps.), *op. cit.*, p. 344.

un circuito comercial interregional, y *b)* el de los productos europeos en América. Comencemos por *a)*. Las series con las que contamos son pocas. Podemos, primero, establecer un paralelo entre los precios del azúcar en Perú (centro productor)[53] y en Chile (centro de consumo).[54]

En Perú los precios muestran una caída bastante clara entre mediados del siglo xvi y principios del xvii, lo cual es normal, pues siendo el azúcar un producto "nuevo", sufrió la misma suerte que los caballos, las vacas o el trigo. Se necesita tiempo, relativamente poco, para que se estabilicen los precios que se dieron por la "novedad". Lo más notable es que dentro de esta estabilización se notan algunas alzas de precios durante el siglo xvii, alzas que no se alcanzarán en el xviii. En Santiago de Chile, el movimiento de precios sigue el mismo camino que el del azúcar peruano y parece ser (no podemos ser categóricos) que la baja en Santiago durante el siglo xviii, en comparación con el xvii, es aún más fuerte que la que pueda revelar Perú.

Existen otros productos en circulación interregional cuya trayectoria podemos seguir, en especial los textiles. En Potosí,[55] los precios de la *sayaleta* y del *tocuyo* acusan una baja continua entre 1670 y 1810; el del sayal sube hasta alrededor de 1700, con una posterior baja continua. Ahora bien, es preciso destacar que durante el siglo xvii los precios de los productos textiles en Europa son los que muestran la resistencia más fuerte.

Volviendo a Potosí, existen otros productos, como el azúcar, la yerba, el vino y el congrio que acusan una tendencia al estancamiento en todo el periodo comprendido entre 1676 y 1816.[56]

La última verificación se puede efectuar en Córdoba, donde los precios de los bienes de producción americana, pero no local, después de haber manifestado una cierta tendencia al alza entre 1711 y 1720, muestran después una fuerte tendencia a la baja, como lo indica la gráfica III.9.

Nos queda el problema del inciso *b)*, es decir, el de los productos europeos. Primero el caso de Córdoba. Aquí, como se ve en la gráfica III.17, la caída es clara durante todo el periodo. Tomemos el caso particular del papel. Su precio en España entre 1650 y 1700 había sufrido

---

[53] Cf. N. P. Cushner, *Lord of the Land-Sugar, Wine and Jesuite Estates of Coastal Peru (1600-1767)*, Albany, 1980, p. 122, y cf. también S. Ramírez Horton, *Land Tenure and the Economics of Power in Colonial Peru*, tesis de la Universidad de Wisconsin, Madison, 1977, y del mismo autor. *The Sugar Estates of the Lambayeque Valley (1670-1800)*, documento de investigación, Universidad de Wisconsin, Madison, 1979.

[54] A. de Ramón y J. M. Larrain, *Orígenes...*, *op. cit.*, p. 160.

[55] E. Tandeter y N. Wachtel, *Precios...*, *op. cit.*, pp. 36 y ss.

[56] *Idem.*

GRÁFICA III.17. *Precios de los productos europeos en Córdoba*

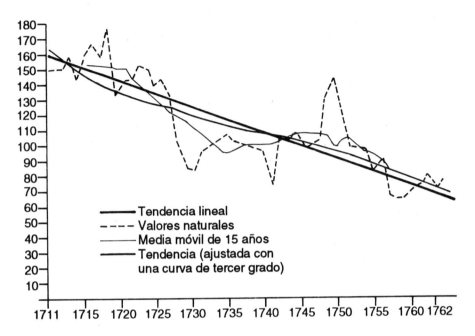

FUENTE: Arcondo, *Los precios en una economía en transición, op. cit.,* p. 13.

un franco estancamiento (incluso una baja entre 1680 y 1700). Después, a partir de los primeros años del nuevo siglo, manifiesta una tendencia al alza bastante regular (interrumpida, a decir verdad, entre 1749 y 1752) que se prolonga hasta 1800.[57]

¿Qué sucede en Potosí con el precio del papel, producto de origen netamente español? Una vez más una coyuntura inversa: de 1676 a 1706 se da un alza bastante pronunciada y después, hasta 1800, un estancamiento (acompañado a veces de fuertes bajas), ambos interrumpidos por alzas súbitas evidentemente producidas por las dificultades de abastecimiento.[58]

Por último, hablemos de otro producto: los esclavos, objeto de un comercio internacional. La única serie que yo conozca en la que podemos confiar es la representada en la gráfica III.16. Ahora bien, aquí vemos que después de un alza entre 1620 y 1645 viene una baja que

[57] Cf. E. J. Hamilton, *War and Prices in Spain (1651-1800),* Cambridge, 1947, apéndice 1, pp. 233-257.
[58] E. Tandeter y N. Wachtel, *Precios...*, *op. cit.,* pp. 12-14.

GRÁFICA III.18. *Salario diario promedio en México*

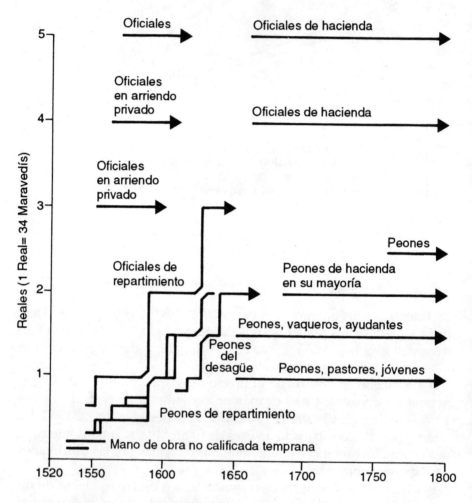

dura hasta 1680, y más tarde se da de nuevo un alza que permanece hasta 1715.[59]

A todo lo que acabo de decir sobre los precios, podemos añadir algunas consideraciones sobre los salarios. En Europa, salvo algunas excepciones muy precisas, tenemos el siguiente movimiento de salarios:

siglo    XVI =   baja
siglo    XVII =   alza
siglo    XVIII =   baja

Evidentemente se trata de una lectura esquemática.[60] Pero, ¿qué encontramos en América con relación a este esquema?

Es imposible hablar del siglo XVI, pues la poca información con que contamos no nos permite llegar a una conclusión, aunque sea muy burda; pero de los siglos XVII y XVIII disponemos de tres casos bastante claros.

En México, después de un periodo de alza, a partir de 1650 se logra una etapa de franca estabilidad, tal como nos lo indica la gráfica III.19.

Ahora bien, sabemos que el siglo XVII se caracterizó por los precios altos y que, por lo contrario, el XVIII mostró un nivel de precios menos elevado, de tal suerte que podemos decir que durante el siglo XVII bajó el poder de compra y que subió (relativamente por cierto) en el XVIII.

En Potosí es posible hacer las mismas observaciones; en este caso, el salario de un peón permaneció estable durante todo el siglo XVIII,[61] pero también sabemos que los precios bajaron. Tenemos, pues, que con el mismo salario aumenta el poder adquisitivo.

Estas mismas consideraciones se aplican también a los casos del Norte Chico de Chile, donde entre 1690 y 1792, la evolución de los salarios de los mineros es la siguiente:[62]

| Periodo | Salario (pesos) | Índice |
|---------|-----------------|--------|
| 1690-1699 | 6 | 100 |
| 1700-1709 | 9 | 150 |
| 1710-1719 | — | — |
| 1720-1729 | 10 | 166 |

[59] Por otra parte, es necesario subrayar, por contraste, que los precios de los esclavos en la América hispánica aumentan a partir de la mitad del siglo XVII: cf. R. Mellafe, *Breve historia de la esclavitud en América Latina*, 1973, p. 92.

[60] M. Morineau, *Incroyables gazettes...*, *op. cit.*, p. 101.

[61] E. Tandeter y W. Wachtel, *Precios...*, *op. cit.*, p. 85.

[62] M. Carmagnani, *El salariado minero en el Chile colonial*, Santiago de Chile, 1963, p. 81.

Podríamos decir, por tanto, y contrariamente a los casos de México y de Potosí, de los que ya hemos hablado, que hay un alza como en Europa; pero el hecho es que "entre 1680-1689 y 1700-1709, los precios de los productos agrícolas sufrieron un aumento de 64.2%; se mantuvieron estables hasta 1720-1729, y no bajaron hasta 1730-1739".[63] Así, en términos reales, los salarios no sólo no aumentan sino que sufren una fuerte disminución; y con esto podemos cerrar este minúsculo expediente de "salarios"; pero antes de cerrarlo, hagamos una última observación: ¿existen verdaderamente salarios en América durante el siglo XVII?

Dejemos de lado el trabajo de los esclavos; dejemos de lado también las formas compulsivas de trabajo que persisten durante todo el siglo en forma masiva. Volvamos a los trabajadores llamados "libres" y quedémonos dentro del marco de la "aristocracia obrera" representada por los mineros. En el Norte Chico de Chile, la deuda de estos obreros por concepto de artículos de consumo llega a alcanzar un monto hasta de seis meses de su salario.[64] En estas condiciones es preciso reconocer que el sentido de la palabra salario es muy particular y limitado.

¿Qué podemos concluir de todo este conjunto de "hechos" sobre metales, monedas, precios y salarios?

Más allá de lo que precios, monedas y salarios nos puedan enseñar (y que en general nos enseñan cuando se tratan sin pretender sacar demasiadas conclusiones), creo que la lección principal es la siguiente: mientras en Europa, durante los siglos XVII (*groso modo* de 1620 a 1740) y XVIII (aproximadamente de 1740 a 1815), nos encontramos respectivamente frente a un movimiento de baja (o por lo menos de estancamiento) y de alza de precios, en los periodos correspondientes en América nos enfrentamos a movimientos inversos, opuestos.

Desde los años sesenta[65] he defendido esta tesis (que no pretende ser

[63] M. Carmagnani, *Les mécanismes de la vie économique dans une société coloniale: Le Chili (1680-1830)*, París, 1973, p. 217. Durante el periodo 1750-1799, el salario real del *apire* (obrero no calificado) baja, mientras que el de los *barreteros,* después de haber aumentado hasta 1789, baja durante la segunda década del siglo: cf. M. Carmagnani, *El salariado..., op. cit.,* p. 85.

[64] M. Carmagnani, *El salariado..., op. cit.,* p. 87., y cf. también, para el caso de Perú, R. Mellafe, "Evoluzione del salario nel Viceregno del Perù", en *Rivista Storica Italiana,* LXXVIII, 1966, núm. 2, pp. 404-405.

[65] Permítaseme remitir al lector a R. Romano, *Una economía colonial: Chile en el siglo XVIII,* Buenos Aires, 1965, y "Movimiento de los precios y desarrollo económico", en *Cuestiones de historia económica americana,* Caracas, 1966.

una teoría) basándome en las experiencias de Chile y Argentina. Pues bien, esta tesis acaba de ser rebatida: "es claro que la historia de los precios ofrecida por Romano en 1963 no tiene base sólidas",[66] pero no entiendo por qué.

Si observo el índice general de precios de Santiago, encuentro que hay tendencia a la baja entre 1700 y 1770; después de esta fecha, el alza nos lleva de 100 hasta cerca de 125;[67] esto con un índice general, y lo mismo sucede si se observa el índice de productos agrícolas.[68] Entonces, ¿dónde está la imperfección, la fisura, la ausencia de bases sólidas? Más bien creo que lo que carece de "bases sólidas" es el *price index* construido por L. L. Johnson, que mezcla algunos precios provenientes de fuentes diferentes y les aplica ponderaciones sin que se sepa cuál fue el criterio de elección, lo cual significa hacer decir todo y lo contrario de todo, no importa a qué *price index*.[69]

Por otra parte, la "historia de los precios ofrecida por Romano" encuentra confirmación en el caso de Arequipa ("estos resultados son por lo general similares a los de Tandeter y Wachtel, 'Prices and Agricultural Production', y Romano, 'Movimiento'")[70] o de Potosí ("el movimiento de precios en Potosí durante el siglo XVIII difiere claramente de la coyuntura general en Europa").[71]

La de la coyuntura opuesta entre precios europeos y precios americanos no se trata de una teoría, sino simplemente lo que aprendemos de *hechos* confirmados progresivamente por investigaciones sucesivas.[72]

---

[66] L. L. Johnson, "The Price History of Buenos Aires during the Viceregal Period", en L. L. Johnson y Tandeter (comps.), *Essays on the Price History...*, *op. cit.*, p. 164.

[67] J. Larrain, "Gross National Product and Prices. The Chilean Case in the Seventeenth and Eighteenth Century", en L. L. Johnson y E. Tandeter, *op. cit.*, p. 118.

[68] *Ibid.*, p. 119. Por otra parte, si observamos el movimiento de los precios de productos de origen extranjero (p. 123), confirmamos todavía más esta impresión.

[69] Mi desconfianza sobre los índices de precios (no únicamente el de L. L. Johnson, sino también el de J. Larrain y de otros más) se basa en las consideraciones de C. E. Labrousse, "Le mouvement des prix au XVIIe siècle: les sources et leur emploi", en *Bulletin de la Société d'Histoire Moderne*, marzo de 1937, pp. 234 y ss.; "Observation complémentaire sur les sources et la méthodologie pratique de l'histoire des prix et des salaires au XVIII siècle", en *Revue d'Histoire Économique et Sociale*, XXIV, 1938, núm. 4, pp. 289 y ss. Cf. ahora R. Romano, "Una polémica sobre la historia de precios en el Buenos Aires Virreinal", en *Boletín del Instituto di Historia Argentina y Americana*, Dr. E. Ravignani, III, núm. 6 (2o. semestre 1992).

[70] K. W. Brown, *Price Movements...*, *op. cit.*, p. 200.

[71] E. Tandeter y N. Wachtel, "Prices and Agricultural Production Potosi and Charcas in the Eighteenth Century", en L. L. Johnson y E. Tandeter (comps.), *op. cit.*, p. 264.

[72] Mi ensayo publicado en L. L. Johnson y E. Tandeter (comps.) es la traducción, con algunos añadidos, de un artículo publicado en español en *ISLA*, núm. 7, 1986, que contenía un apéndice

Si insisto en este punto no es por afán de provocar la polémica con L. L. Johnson, sino simplemente porque se trata de un tema importante.

Una vez aclarado esto, queda todavía un problema. ¿Qué significan los precios en la América colonial? Al igual que en el caso de los salarios, podemos preguntarnos si un alza (o una baja) de los precios en América tiene el mismo sentido que en Europa. El problema es general: un movimiento de precios refleja situaciones económicas de conjunto sólo en relación con el hecho principal de saber cuál es la parte de bienes que pasa *realmente* por el mercado. Ésta es la razón por la que los precios del trigo, por ejemplo, en la Edad Media tienen una significación totalmente diferente a la de los precios de este mismo producto en el siglo xviii.

Ahora bien, sin lugar a dudas, durante el siglo xvii americano, los artículos que pasan por el mercado, sobre todo los productos de primera necesidad, no son muy numerosos, pues el renglón de autoconsumo es muy fuerte, como lo es el trueque. Así pues, es escaso lo que *se transforma en moneda* pasando por el mercado, y por tanto por el (verdadero) precio.

Contamos con múltiples testimonios de esta situación, pero existe un hecho que domina con mucho a los demás, que es la falta de moneda, no sólo en general, sino la falta de moneda pequeña en particular, y esto nos lo confirma la presencia, fácil de comprobar si abrimos bien los ojos, de señas, tlacos, fichas, pilones…, de cuero, de jabón, de plomo o de cobre.

Si tratándose de Europa es posible hablar *en cierta medida* —como lo hace magistralmente Jean Meuvret— de los tipos sociales de circulación de la moneda con un espectro que va desde piezas de oro a piececitas de cobre, pasando por las monedas gruesas y chicas de plata y hasta las moneditas de vellón, en el caso de América el abanico está mucho más restringido: del oro se pasa a las gruesas monedas de plata. Por tanto, la parte monetaria no cubre más que una pequeña parte de la población; el resto queda excluido y recurrirá a las fichas y a las medallas de las que ya he hablado. Hay quienes las bautizan como "cuasi moneda", "casi moneda" o "semi-moneda", y no sé qué más. En realidad, esas fichas,

(que no se publicó en el libro en cuestión) en el cual daba indicaciones sobre los precios en India, China y Japón y que muestran una coyuntura opuesta a la europea también en estos espacios. Una prueba más (si es que hace falta) de la importancia del problema.

esas medallas no son más que manifestaciones concretas de una economía natural y es precisamente del interior de ella de donde hay que entresacar los fenómenos monetarios (precios, emisiones, etc.) a los que me he referido en este capítulo.[73]

---

[73] Permítaseme remitir al lector a R. Romano, "Fundamentos del funcionamiento del sistema económico colonial", en R. Romano, *Consideraciones*, Lima 1992, pp. 23-65.

# IV. CONSIDERACIONES SOBRE EL COMERCIO

CUÁL ES LA situación del comercio internacional europeo entre finales del siglo XVI y principios del XVIII? Respecto de este tema no es posible lograr curvas de conjunto como en el caso de los precios; es preciso entrar en el "detalle". Situémonos en el centro de lo que durante siglos fue el corazón motor del comercio internacional: el Mediterráneo.

Si consideramos las antiguas "capitales", de Venecia a Barcelona, de Marsella a Génova o de Nápoles a Ragusa, observamos una fuerte caída, aunque bien es cierto que aparecen nuevos centros, especialmente Liorna.[1] Sin embargo, creo que la actividad de estos nuevos centros no logra compensar las pérdidas características de los grandes centros tradicionales. Además, es preciso recordar que su vida prospera en la medida en que logran "aferrarse" a los nuevos amos que son los ingleses y los holandeses.[2]

¿Era acaso el Mediterráneo un mar muerto? Si con esta expresión queremos decir que los países mediterráneos ya no son sujeto sino objeto de la historia, sí es cierto. Tomemos el caso clásico de Venecia.[3] Su comercio internacional se basó durante siglos en un principio muy sencillo: introducirse en una posición de cuasi monopolio en el centro de las transacciones comerciales entre el Medio Oriente, que le surtía de especias y drogas, y Europa. A cambio, Venecia redistribuía productos europeos hacia el Medio Oriente, y aún más allá. Pues bien, aunque

---

[1] Cf. F. Braudel y R. Romano, *Navires et marchandises a l'entrée du port de Livourne*, París, 1951.

[2] Cf, especialmente C. Ciano, "Uno sguardo al traffico tra Livorno e l'Europa del Nord verso la metà del Seicento", en *Atti del Convegno "Livorno e il Mediterraneo nell' età medicea"*, Livorno 1978, pp. 141; R. Romano, "Rapporti tra Livorno e Napoli nel Seicento", *ibid.*, pp. 202-205; A. C. Pagano de Divitiis, "Galere e fondachi in Europa e fuori d'Europa", en R. Romano (comp.), *Stori d'Italia*, vol. V, Milán, 1989, pp. 1-24; G. Pagano De Divitiis, 'L'arrivo dei Nordici in Mediterraneo", en R. Romano (comp.), *Stori d'Italia, op. cit.*, pp. 49-72.

[3] Cf. AA. VV., "Aspetti e cause della decadenza economica veneziana nel secolo XVII", *Atti del Convegno 27 giugno-2 iuglio 1957*, Venecia-Roma, 1961. R.T. Rapp hizo una revisión de la "decadenza" veneciana en *Industry and Economic Decline in Seventeenth-Century Venice*, Cambridge, 1976, pero sus argumentos y la documentación no son convincentes: cf. el espléndido artículo de J.A. Marin, "La crisi di Venezia e la New Economic History", en *Study Storici*, 1978, núm. 1, pp. 79-107. El caso de Estambul que se estudia en el libro clásico de R. Mantran, *Istanbul dans la seconde moitié du XVIII siécle*, París, 1962, es sumamente claro en este sentido; y cf. también B. McGowan, *Economic Life in Ottoman Europe. Taxation, Trade and the Struggle for Land, 1600-1800*, Cambridge, 1981, pp. 15-44.

sin lugar a dudas durante el siglo xvii Venecia fue desbancada en este tipo de tráfico, esto de ninguna manera significa la suspensión de los intercambios entre Europa del Norte y el Mediterráneo:[4] únicamente los holandeses y los ingleses ya no necesitan al intermediario veneciano.[5] La crisis, pues, no es tanto del comercio mediterráneo como de los actores mediterráneos de ese mismo comercio.[6]

Mencioné líneas arriba la expresión objeto de historia; pero hay que precisarla. Veamos un ejemplo. Lo que cambia de una manera bastante visible en el comercio con las "Escalas del Levante" es que los ingleses y los holandeses ya no comercian con las especias.[7] Si los viejos *fondouks* venecianos de Alepo y de Trípoli, en Siria, olían a canela, clavo y pimienta, no sucede lo mismo en los nuevos depósitos holandeses e ingleses por la sencilla razón de que desde el momento en que los holandeses y los ingleses se instalan en las Indias Orientales, las especias ya no llegan (o lo hacen en cantidades modestas) por las rutas de las caravanas terrestres y aún menos por el mar Rojo. Incluso los franceses que hacen grandes esfuerzos para "colocarse" en las Escalas del Levante, no logran abastecerse. Como lo indica un espléndido documento francés[8] de 1628, "ahora que los ingleses y los holandeses están en las Indias, tenemos que sacarlas [las especias] de sus países... La agonía del Mediterráneo es, pues, únicamente aparente ya que en la realidad se puede observar una especie de circulación extracorporal asegurada por los nórdicos. Empero, la crisis no es menos fuerte en los países del "mar interior". No desearía dar aquí una serie de cifras que me sería fácil presentar; prefiero volcarme en casos de orden cualitativo; por ejemplo, mientras la seda (cruda) de Sicilia o de Calabria constituía por tradición un objeto de exportación hacia Génova, Venecia, Nápoles y Florencia,

---

[4] Cf. en particular las contribuciones de Beutin y H. Davis en AA.VV., *Aspetti e cause..., op. cit.*

[5] Además del estudio clásico de J.S. Corbett, *England in the Mediterranean*, 2 vol., Londres, 1904, cf. G. Pagano de Divitiis, "Il Mediterraneo nel xvii secolo: l'espansione commerciale inglese e l'Italia", en *Studi Storici*, 1986, núm, 1, pp. 109-148, y del mismo autor, *Il commercio inglese nel Mediterraneo dal Cinquecento al Settecento*, Nápoles, 1984, y sobre todo su libro reciente *Mercanti inglesi nell'italia del Seicento*, Venecia, 1990.

[6] A este respecto, cf. las lindas consideraciones de U. Tucci, "Liaisons commerciales et mouvement de navires entre la Méditerranée orientale et occidentale" separata de las *Actes du IIe Colloque International d'Historie*, Atenas, 1985, p. 13; "lo que parece declinar es la participación de las potencias comerciales mediterráneas".

[7] Cf. C.H.H., "The Changing Pattern of Europe's Pepper and Spice Imports, *ca.* 1400-1700", en *The Journal of European Economic History*, VIII, 1979, núm.2, pp. 361-403.

[8] Citado por R. Romano (en colaboración con F. Braudel, P. Jeannin y J. Meuvret), "Le déclin de Venise au xviie siècle", en AA.VV., *Aspetti e cause...op. cit.*, p. 59, y cf. también "The Dutch East India Company as an Institutional Innovation", en M. Aymard (comp.), *Dutch Capitalism and World Capitalism*, Cambridge-París, 1982, pp. 235-257.

desde donde se reexportaba hacia Europa del Norte y hacia el Medio Oriente en forma de productos manufacturados, ahora la seda cruda emprende la ruta del norte en barcos no mediterráneos.[9]

Vayamos ahora hacia el Norte: ¿qué se observa? En este caso los indicadores también están a la baja; como se indica en la gráfica IV.1, el número de barcos que pasan por el estrecho de Sund (curva 2) muestra una baja continua de 1590 a 1713. El tránsito del trigo (curva 1), también por el estrecho de Sund, muestra, con oscilaciones, una tendencia a la baja. Pues bien, éstos son dos grandes indicadores.

Si volvemos los ojos hacia Amsterdam y observamos el movimiento de los *convooien* (curva 3), de nuevo encontramos una línea que indica estancamiento.

Sigamos viajando, ahora hacia Inglaterra. Lo primero que observamos, y que era de esperar, es que el número de barcos ingleses que transita por el Sund acusa una disminución.[10] Sería fácil examinar otra serie de cifras correspondientes a Gdansk,[11] Prusia Oriental y Riga[12] y los resultados serían bastante parecidos.

Miremos ahora hacia tierra adentro: las exportaciones de ganado de los grandes centros de cría hacia los centros de consumo muestran también signos de disminución.[13] En Suiza, según lo afirma Anne-Marie Piuz con toda claridad, "nuestro siglo ginebrino, tomado en forma aislada, corresponde perfectamente al esquema clásico de una baja de larga duración".[14]

Por supuesto, también hay sectores o países que muestran indicios de actividades en aumento. Por ejemplo, las exportaciones de hierro sueco aumentan considerablemente.[15] También se dan otros signos positivos sobre los que volveré más adelante, pero por el momento, preguntémonos cómo hacer para establecer la existencia de una crisis comercial.

Frédéric Mauro, en un importantísimo artículo,[16] muestra y demuestra

---

[9] Cf. capítulo II, nota 54.

[10] R.V.K. Hinton, *The Eastland Trade and the Common Wealth in the Seventeenth Century*, Cambridge, 1959, pp. 228-229.

[11] Cf. A. Szelagowski, *Pieniadz i prsewrót cen XVI i XVII vieku w. Polsce*, Lwow, 1902, pp. 126-127.

[12] R. Rybarski, *Handel i polityka Polski w XVI stuleciu*, Varsovia, vol. II, p. 3.

[13] H. Wiese y J. Bölts, *Rinderhandel und Rinderhaltung in Norduseuropäischen Künsgebieten vom 15 bis zum 19 Jahrhundert*, Stuttgart, 1966, pp. 61-63, y cf. también W. Abel, *Agrarkrisen...*, *op. cit.*, pp. 170-172.

[14] A.M. Piuz, *Recherches sur le commerce de Genève au XVIIIe siècle*, Ginebra, 1964, p. 399.

[15] P. Kriedte, *Spätfeudalismus...*, *op. cit.*, p. 121.

[16] F. Mauro, "Toward an 'International Model': European Overseas Expansion between 1500-1800, en *The Economic History Review*, XIV, 1961, 1, pp. 1-17. El esquema de F. Mauro fue retomado y simplificado por I. Wallerstein, "Y a-t-il une crise du XVIIIe siècle?", en *Annales E.S.C.*, XXXIV, 1979, 1, p. 132.

GRÁFICA IV.1. *Índices del comercio europeo*

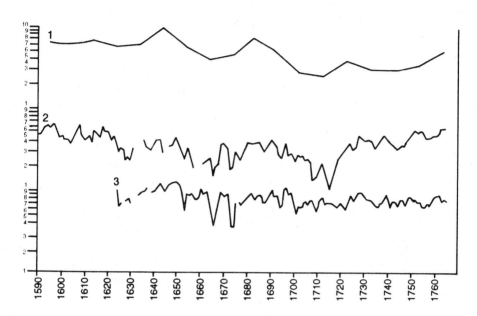

1. Trigo transportado a Occidente a través del Sund en medias decenales (escala: 10 000 *last* de trigo; cada *last* es igual aproximadamente a 2 toneladas).

2. Barcos que atravesaron el Sund, en dirección este u oeste (escala: 1 000 barcos).

3. Ingreso de los *convooien* cobrado a los barcos a la llegada o a la salida de Amsterdam (escala: 100 000 guilders).

FUENTE: J. De Vries, "The Economy of Europe", en *An Age of Crisis 1600-1750*, Cambridge, 1976, pp. 14-15.

con gran inteligencia que las relaciones comerciales europeas durante el siglo XVII se caracterizan por el estancamiento y yo estoy de acuerdo con él; pero es legítimo preguntarse si en el interior de Europa la situación es la misma o si se dan situaciones diferentes. Tratemos de responder por un camino que no sea el de algunos de los indicadores que mostré más arriba.

Dije que el comercio de Venecia está en bancarrota durante el siglo XVII, lo cual queda demostrado con la caída de la construcción naval, caída que la *Serenissima* trata, sin lograrlo, de compensar mediante la compra de barcos de construcción extranjera, sobre todo ingleses y holandeses.[17] La crisis veneciana queda confirmada, pues, con esta crisis de la construcción naval.

[17] Cf. D. Sella, *Commerci...*, *op. cit.*, pp. 103 y ss.

Si miramos hacia Prusia, encontramos no sólo un descenso en el tráfico de barcos sino también una crisis de construcción naval, como lo demostró el inolvidable Ludwig Beutin.[18]

Si volvemos los ojos hacia Inglaterra, observamos, como ya hemos visto, diversos signos de contracción en los tráficos europeos; sin embargo, el tonelaje de que dispone este país pasa de 50 000 toneladas en 1572 a 115 000 en 1629 y a 340 000 en 1686.[19] La única explicación posible de esta (aparente) contradicción se debe a que una buena parte de este aumento del tonelaje proviene sobre todo, de los tráficos intercontinentales ingleses. Sin hablar, por el momento de América, nos basta pensar que el comercio europeo con Asia[20] evoluciona de una manera continua a partir del siglo XVI, como se puede apreciar en la gráfica IV.2.

La participación portuguesa está a la baja y la francesa permanece estable; sin embargo, la participación inglesa y sobre todo la holandesa muestran un fuerte movimiento al alza. Estamos, pues, antes dos Europas: la primera (Inglaterra y Holanda) que gracias al comercio con Asia (al que habría que añadir el comercio con África y con América) denota una clara mejoría en sus posiciones, y la segunda (la mediterránea, principal pero no exclusivamente) que pierde puntos en forma progresiva. Precisemos esto.

La crisis no sólo abarca los grandes puertos mediterráneos sino también los centros "clásicos" del Báltico. Tomemos el caso de Gdansk: no sólo disminuye el paso de navíos procedentes de este punto por el estrecho del Sund, sino que asistimos a un aumento progresivo del número de barcos con pabellón holandés.[21] Este fenómeno no se da únicamente en Gdansk; también se observa en el conjunto de ciudades

[18] L. Beutin, *Der Deutsche Seehandel Mittelmeergebiet bis zum den Napoleonischen Kriegen*, Neumünster, 1933, En lo referente a la flota en su conjunto todavía es válido (aunque con las correcciones que se pueden hacer gracias a estudios sucesivos) el artículo de W. Vogel, "Zur Grösse der Europäischen Handelsflotte in 15, 16 und 17 Jahrhundert", en *Forschungen und Versuche zur Geschichte der Mittelalters und der Neuzeit*, Jena, 1915.

[19] Cf. R. Davis, *The Rise of the English Shipping Industry in the Seventeenth and Eighteenth Centuries*, Londres, 1962, p. 17. En lo referente a los problemas del principio de la expansión comercial inglesa y su sucesiva "supremacy", cf., S. Pollard y D.W. Grossley, *op. cit.*, pp. 148-173.

[20] K. Glamann, *Dutch-Asiatic Trade, 1620-1740*, Copenhague-La Haya, 1958; J. Schöffer y F.S. Gaastra, "The Import of Bullion and Coin into Asia by Dutch East India Company in the seventeenth and eighteenth centuries", en M. Aymard (comp.), *Dutch Capitalism...*, *op. cit.*, pp. 215-233; K.N. Chadouri, *The Trading Word of Asia and the English East India Company, 1600-1760*, Cambridge, (Ing), 1978, y del mismo autor, "The Economic and Monetary Problem of European Trade with Asia during the Seventeenth and Eighteenth centuries", en *The Journal of European Economic History*, vol. 4, 1975, núm. 2, pp. 323-358.

[21] N. Ellinger Bang, *Tabeller over Skibsfart og Varetransport gennen oresund 1497-1660*, t. I, Copenhague-Leipzig, 1906; cf. C. Biernat, *Statystica obrotu towarowego Gdanska w latach 1651-1815*, Varsovia, 1962.

GRÁFICA IV.2. *Tráfico marítimo entre Europa y Asia, 1491-1701*
*(barcos en dirección a Asia)*

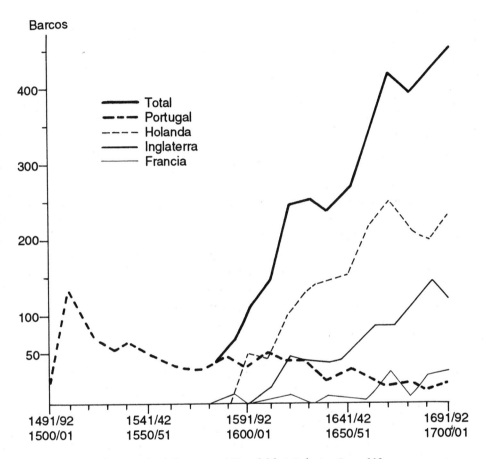

FUENTE: Kriedte, *Spätfeudalismus und Handelskapital, op. cit.*, p. 110.

de la Hansa y de la Alta Alemania que están presas en este torbellino:
por ejemplo, el poderío holandés reduce a Colonia y a las otras ciudades del Bajo Rin al desempeño de una función esencialmente interna. Sólo Hamburgo logrará mantener su papel, pero en este caso también el motor de su actividad está representado por el interés que le
prestan tanto los holandeses como los ingleses. Las condiciones de las
ciudades del interior de Alemania (Ulm, Ravenburg, Nuremberg y tantas
otras) no son mejores; sin embargo, debemos reconocer que surgieron
dos centros: Francfort y Leipzig.

En resumen, estamos ante toda una restructuración del equilibrio de las funciones comerciales en Europa que no sólo se manifiesta en el sentido norte-sur, en general, sino en el sentido de la Europa mediterránea (incluido el Imperio otomano) y Europa del noroeste en general, es decir, Holanda e Inglaterra. La gran mayoría de los centros tradicionales son perdedores y los que logran sobrevivir lo hacen sencillamente porque la "bomba" holandesa e inglesa asegura la circulación. Podríamos decir que es el peso de la tradición lo que arrastra hacia abajo a esos viejos puertos, a esas vetustas ciudades que fundaron la reputación de su nombre en la Edad Media y durante el siglo XVI. Decir esto no es arbitrario; basta con pensar en el destino de la ciudad de Amberes, cuya suerte peligra a pesar de estar situada en el interior de la Europa del noroeste que iba en ascenso.

En resumen, cualquiera que sea el ángulo desde el cual se observe la vida comercial europea, siempre nos encontraremos con una gran brecha: de un lado una "grande" Europa mediterránea ("grande", puesto que comprende también el Imperio otomano, Portugal y los Balcanes) en crisis, y del otro una Europa del norte (Holanda e Inglaterra) que aunque padece los efectos de esta crisis logra compensarla y sobreponerse a ella mediante los tráficos comerciales intercontinentales; y queda el resto: Polonia, el Imperio, Suiza y Francia. En lo que se refiere a este último país, podemos decir que resiste más o menos bien sobre la fachada atlántica; en el Imperio y en Suiza subsisten pequeños núcleos de prosperidad comercial, pero son como islotes. Suecia, gracias a su hierro, a su cobre y a su plata, así como a su industria metalúrgica, también resiste; pero para Polonia la crisis es un hecho.

Colbert planteó el problema de fondo de esta situación; calculaba en 1669 que "el comercio de toda Europa se practica con 20 000 navíos, de los cuales, 15 000 o 16 000 son holandeses, 3 000 o 4 000 ingleses y de 500 a 600 franceses".[22] Estas cifras son, por supuesto, discutibles a pesar de que el razonamiento de Colbert, por lo menos en lo que tocaba a Francia, estaba basado en un "Inventario de embarcaciones comerciales francesas" para cuya realización él mismo tomó la iniciativa y que, a pesar de sus defectos,[23] corresponde a una cierta situación de conjunto.

La "crisis" del comercio en el siglo XVII se refleja en la caída de los centros tradicionales y en el surgimiento de dos países "nuevos": Holanda e

---

[22] Cit. por C.M. Cipolla, *Storia economica dell'Europa pre-industriale*, Bolonia, 1974, p. 305.
[23] Cf. M. Morineau, "Flottes de commerce et trafics français en Méditerranée au XVIIe siècle (jusqu'en 1669)", en *XVIIe Siècle*, 1970, núm. 86-87, pp. 138 y ss.

Inglaterra. En 1669, la preponderancia holandesa todavía es definitiva, pero después las cosas van cambiando en beneficio de los ingleses.

Vayamos ahora a América y empecemos haciendo una exposición clásica, es decir, un análisis de conjunto (tonelaje de los barcos) del comercio "oficial" entre el Viejo y el Nuevo Mundo entre 1510 y 1778. Para ello contamos con tres gráficas (IV.3, IV.4 y IV.5).

Estas gráficas, en especial la de H. y P. Chaunu, no han escapado a la crítica,[24] pero de todas maneras, la tendencia que se manifiesta en estas curvas todavía es válida. En ellas encontramos: *a*) una primera fase de crecimiento regular hasta 1620; *b*) una caída posterior que dura hasta 1680; *c*) una recuperación moderada hasta los años 1740-1750, y *d*) una fuerte "llamarada" hasta 1778 o incluso después.[25]

Esto es aplicable a España, pero si nos situamos del otro lado del Atlántico, estas fases son muy discutibles. ¿Qué representaban, pues, esos barcos y esos tonelajes?

Los principales puertos americanos que reciben el comercio español son los siguientes: Veracruz, Porto Belo y Cartagena. A esto hay que añadir algunos envíos excepcionales hacia otros puertos, sobre todo a Buenos Aires. Esencialmente, la redistribución de bienes (y de hombres, es decir, de esclavos) hacia la masa continental[26] se hace a través de los puertos que he mencionado y, de igual manera, en ellas se organizan los envíos a España de mercancías americanas, en especial metales preciosos.

Por supuesto, éste es un esquema a grandes rasgos, pero aceptables a pesar de todo. Observamos entonces lo que sucede en Buenos Aires. Según el espléndido trabajo de Zacarías Moutoukias,[27] entre 1648 y

---

[24] Cf. en especial M. Morineau, *Jauges et méthodes de jauge anciennes et nouvelles,* París, 1966.

[25] A decir verdad, hay que tomar en consideración también otro tráfico: el que une Acapulco con Manila. Dudé en hacerlo por varias razones, de las cuales una me parece fundamental: la bibliografía de que disponemos (W. Schurz, *The Manila Galleon,* Nueva York, 1939; P, Chaunu, "Le galion de Manille", en *Annales E.S.C.,* 1951, núm. 4, pp. 447-462; M.L. Díaz Trechuele, "Dos nuevos derroteros del galeón de Manila (1730-1733)", en *Anuario de Estudios Americanos,* XIII, 1956, pp. 1-83; P. Chaunu, *Les Philippines et le Pacifique des Ibériques (xvie, xviie xviiie, siècles),* París, 1960), no nos permite aventurarnos demasiado lejos. Lo que nos queda de ello es que este tráfico tiene una doble significación para la América española: *a*) representa una posibilidad de abastecimiento de productos que de otra manera hubiera tenido gran dificultad en conseguir, tales como porcelana, seda y especias, y *b*) también abre la vía a un enorme flujo de dinero (monedas y metal en lingotes) hacia el continente asiático.

[26] Permítaseme remitir al lector a R. Romano, "Algunas consideraciones sobre los problemas del comercio en Hispanoamérica durante la época colonial", en *Boletín del Instituto de Historia Argentina y Americana Dr. E. Ravignani,* Buenos Aires, 3a. serie, I, 1989, 1, pp. 23-49.

[27] Z. Moutoukias, *Contrabando y control...,* *op. cit.,* pp. 81-82.

GRÁFICA IV.3. *Tonelaje del tráfico Sevilla-Hispanoamérica.*
*1500-1650 (salidas y retornos). Por quinquenios*

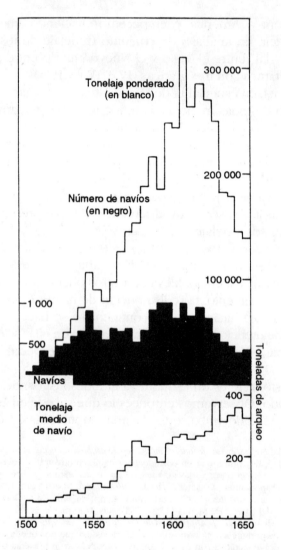

FUENTE: H. y P. Chaunu, *Séville et l'Atlantique (1504-1650)*, vol. VII, París, 1957, p. 47.

1702 llegan 34 barcos oficiales, lo que hace medio barco por año. Calculemos en forma global que se movían 100 toneladas de mercancía. Ahora bien, en aquella época, Buenos Aires era una gran

GRÁFICA IV.4. *Tonelaje del tráfico comercial*
*español con Hispanoamérica*
*(1650-1700)*

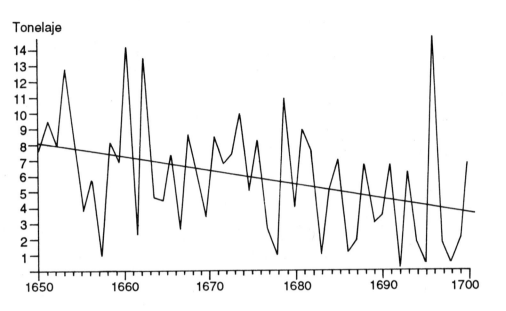

FUENTE: L. García Fuentes, *El comercio español con América (1650-1700)*, Sevilla, 1980, p. 234.

aldea[28] y 100 toneladas podían ser suficientes, pero es además el puerto que sirve para el abastecimiento de toda la zona, hasta Córdoba, Asunción, Tucumán, Mendoza y parte del Alto Perú. En la realidad, se sabe que el abastecimiento de esta enorme extensión fue mucho mejor de lo que pudiera aportar ese medio barco anual. Sabemos por Z. Moutoukias también,[29] que además de los 34 barcos que llegaron en buena y debida forma, hubo por lo menos 124 "arribadas maliciosas" de bar-

[28] *Grosso modo,* su población es de 3 359 habitantes en 1658 y de 8 908 en 1720; cf. N. Besio Moreno, *Buenos Aires. Estudio crítico de su población 1536-1939),* Buenos Aires, 1939, pp. 384 y 388.
[29] Z. Moutoukias, *Contrabando y control...,* op. cit., p. 128. Encontramos ejemplos de "arribadas maliciosas" a Venezuela en E. Arcila Farías, *Economía...,* op. cit., pp. 136 y ss.

GRÁFICA IV.5. *Tonelaje del tráfico comercial español con Hispanoamérica (1717-1778)*

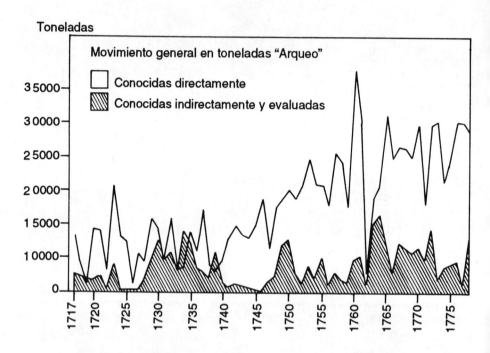

FUENTE: Antonio García-Baquero González, *Cádiz y el Atlántico II (1717-1778)*, Sevilla, 1976, vol. II, gráfica 8.

cos extranjeros y españoles. En resumen, a los 34 barcos oficiales hay que añadir 124 "oficiosos". En total, los primeros representan tan sólo 21.11 por ciento.

Volvamos sobre los 124 barcos "oficiosos" y encontraremos lo siguiente:

| Procedencia | Núm. de barcos | (%) |
|---|---|---|
| Holandeses | 62 | 50 |
| Portugueses | 30 | 24.20 |
| Franceses | 7 | 5.64 |
| Españoles | 13 | 10.49 |
| Ingleses | 12 | 9.64 |

Pero, ¿qué son esas "arribadas maliciosas"? Son las escalas imprevistas que un barco se ve obligado a hacer por causa del mal tiempo o de averías. Según las costumbres marítimas, y de acuerdo con numerosos tratados de navegación y comercio, se solicitaba autorización para atracar. Estamos, pues, de alguna manera, en presencia de un contrabando semilegal o si se prefiere un contrabando que se efectuaba con el complaciente e interesado consenso de las autoridades locales.[30] Volvamos a esos barcos. Todos juntos, oficiales y oficiosos, hacen un total de 158; los españoles (oficiales y oficiosos) no suman más que 47, es decir, no representan más que 29.7 por ciento.

Esta situación que he presentado sobre el caso de Buenos Aires se vuelve a repetir en otras regiones. Por ejemplo, ¿qué hacen en las costas de Perú, entre 1695 y 1726, 148 barcos franceses?[31] Durante ese mismo periodo, ¿cuántos barcos españoles llegan a esas mismas costas? Entre 1689 y 1705 sólo había dos flotas mercantes españolas hacia Perú.

Para el periodo comprendido entre 1701-1725, Carlos Malamud calculó que los "retornos" franceses de las costas del virreinato del Perú fueron de unos 47 millones de pesos en comparación con 27 767 287 de "retornos" efectuados por los españoles, es decir, que cerca de 70% del comercio de Perú estaba asegurado por los barcos franceses.[32]

Hay algo más: ¿qué hacen los 50 barcos franceses frente a Veracruz entre 1701 y 1707? Cabe aclarar que estoy hablando sólo de barcos franceses, pero existen innumerables signos de la presencia de barcos holandeses, ingleses y daneses capitaneados por corsarios, piratas y comerciantes (¿dónde se sitúa la frontera?) que poco a poco van invadiendo el espacio americano y dando lugar a esa forma particular de comercio que es el *silent trade*.

En resumen, a partir de mediados del siglo XVII, o incluso antes, el "monopolio" español, más que una realidad, se ha convertido en una petición de principio. ¿Cómo aspirar a un "monopolio" si durante la se-

[30] Pero las formas de estos "comercios" son muy diversas y más que de contrabando se tendría que hablar de "comercio directo"; cf. el ensayo de C. Malamud, "España, Francia y el 'comercio directo' con el espacio peruano (1685-1730)", en J. Fontana (comp.), *La economía española al final del Antiguo Régimen*, vol. III, *Comercio y colonias*, Madrid, 1882, y sobre todo, del mismo autor, cf. *Cádiz y Saint-Malo en el comercio colonial peruano (1698 1725)*, Cádiz, 1986.

[31] C. Malamud, *España, Francia...*, *op. cit.*, p. 27.

[32] C. Malamud, "El comercio directo de Europa con América en el siglo XVIII", separata de *Quinto Centenario*, 1981, p. 45; cf. P.T. Bradley, *The Lure of Peru. Maritime Intrusion into the South Sea, 1598-1701*, Londres, 1989.

gunda mitad del siglo XVII tan sólo a Tierra Firme se envía 40% de las flotas previstas y a la Nueva España solamente 60 por ciento?[33]

Es preciso añadir que los cargamentos de esos barcos españoles son en gran parte de origen extranjero. Al analizar las telas presentadas en algunos inventarios de Nueva España entre 1663 y 1673, vemos que sobre un total de 746 varas de tela, 301 eran de origen francés, 105 provenían de Inglaterra, 85 de Holanda y únicamente dos de España. ¿Casualidad? No lo creo: esto refleja perfectamente la geografía de la industria textil del momento.[34]

En 1634, los holandeses ocupan Curaçào, San Eustaquio y Tobago; en 1640, los franceses se instalan en la isla Tortuga (esto, en 1659, desembocará en el reparto de La Española entre Francia y España, que se convertiría en Haití por la parte francesa y en Santo Domingo por la española); en 1655, los ingleses se anexan Jamaica y en 1671, los daneses ocupan Santo Tomás.[35] Generalmente, la historiografía considera esas posesiones de franceses, ingleses, etc., como resultado de las guerras europeas, lo cual, en términos político-diplomáticos es cierto; pero con frecuencia se olvida indicar que si en los "grandes" tratados de paz se insertan territorios que España se ve obligada a ceder a sus adversarios de Europa es porque esos mismos territorios llevaban ya mucho tiempo ocupados, en mayor o menor medida, o porque de todas formas, la presencia de piratas, corsarios y comerciantes ingleses, franceses y holandeses era evidente desde hacía mucho tiempo.

Esas islas, grandes o pequeñas, constituyen no solamente un centro de infiltración de potencias extranjeras dentro del "Imperio" español, sino bases reconocidas desde donde se organiza el contrabando en

---

[33] L. García Fuentes, *El comercio...*, *op. cit.*, p. 164.

[34] M. de los Ángeles Romero Frizzi, *Comercio de la Mixteca Alta, Oaxaca, México. Los flujos de mercancías*, s.p.i., p. 14 (mecanografiado).

[35] La bibliografía sobre estos problemas es vasta. Cf. en especial J. Van Klaveren, *Europaïsche Wirtschaftsgeschichte Spaniens im 16 un 17 Jahrhundert*, Stuttgart, 1960, pp. 144-176; H. Kellenbenz, "Saint Thomas, Treffpunkt des Karibischen Handels", en *Lateinamerika Studien*, 11, 1982; del mismo autor, *Die Beziehungen Hamburgs zu Spanien und des Spanischen Amerika in der Zeit von 1740 bis 1806*, Wiesbaden, 1963, en especial las pp. 235-246; E. Córdova Bello, *Compañías holandesas de navegación, agentes de la colonización neerlandesa*, Sevilla, 1964, 1964; M. Gutiérrez Arce, *La colonización danesa en las Islas Vírgenes*, Sevilla, 1945; R.B. Sheridan, *Sugar and Slavery. An Economic History of the British West Indies, 1623-1775*, Aylesbury, 1974; C. Ch. Goslinga, *The Dutch in the Caribbean and on the Wild Coast, 1580-1680*, Assen, 1971; H. Pohl, *Studien zur Wirtschaftsgeschichte Lateinamerikas*, pp. 13-18; J.I. Israel, *Dutch Primacy in World Trade, 1585-1740*, Oxford, 1989; K.G. Davies, *The North Atlantic World in the Seventeenth Century*, Oxford, 1974; C. Ch. Goslinga, *The Dutch in the Caribbean and on the Wild Coast, 1580-1680*, Gainesville, 1971; M. Devèze, *Antilles, Guyanes, la Mer des Caraïbes de 1492 à 1789*, París, 1877.

todas las formas posibles (en el más estricto y amplio sentido de la palabra) hacia la América española.[36]

Veamos de cerca una de esas bases de contrabando: Jamaica entre diciembre de 1718 y septiembre de 1719. En septiembre de 1718, un barco español que transportaba cacao entre La Guaira y Veracruz naufraga frente a las costas de Jamaica. Su capitán, tomado prisionero, tiene la oportunidad de observar lo que sucede en la isla. En Port Royal, cuenta un movimiento de 391 barcos en el transcurso de 10 meses. *Por lo menos* 201 van con destino a la América española.[37] Limitémonos a las 201 embarcaciones de las que sabemos oportunamente que están destinadas a las relaciones comerciales con la América española: 201 barcos.

El movimiento global, de ida y vuelta entre Cádiz y América durante 24 meses nos da las siguientes cifras: 1718, 23 barcos; 1719, 14 barcos, es decir, 37 barcos en 24 meses contra por lo menos 201 en 10.

Un testimonio inglés de los años sesenta que habla de la isla de Barbados, ocupada por los ingleses desde 1625, nos afirma que de esta isla "se exportan tantas toneladas de mercancías como de los dos imperios, de México y de Perú".[38] ¿Es esto una exageración? No, si se piensa que Gregorio de Robles vio partir de Jamaica, en el lapso de un mes, 10 barcos con destino a Europa "cargados de fructos de los dominios de S. M., adquiridos con los prohividos tratos que ingleses y holandeses mantienen en las Indias";[39] pero sigamos en Jamaica en compañía de este extraordinario personaje que es don Gregorio de Robles: en una "estancia" de un judío, este hombre ve cómo mujeres judías y niños, sentados frente a montones de monedas (de acuñación hispanoamericana),están ocupados en separarlas: ponen a un lado las piezas buenas, gruesas, para enviarlas a Inglaterra y las pequeñas y las malas se destinan al mercado local.[40] Por otra parte, estaríamos equivocados si creyéramos que estas islas inglesas eran únicamente bases

---

[36] Un ejemplo de cómo una "riqueza sin flotas" lleva al contrabando desencadenado y por último a la anexión de los ingleses, en F. Morales Padrón, *Jamaica española*, Sevilla, 1952, y cf. también V. Lee Brown, "Contreband Trade. A factor in the Decline of Spain's Empire in America", en *The Hispanic American Historical Review*, VIII, 1928, núm. 2, p. 182.

[37] G. de Robles, *América a fines del siglo xvii. Noticias de los lugares de contrabando*, Valladolid, 1980.

[38] Citado ´por S.B. Liebman, *Los judíos en México y América Central*, México, 1971, pp. 228-229. La prosperidad de las islas inglesas y holandesas está también ligada al hecho de que un buen número de criptojudíos de México y de Perú se refugió allí sobre todo durante (y después de) las grandes persecuciones de fines de la primera mitad del siglo xvii. Respecto de esta presencia judía, por ejemplo en Jamaica, cf. G. de Robles, *América a fines...*, op. cit., p. 33.

[39] G. de Robles, *América a fines...*, *op. cit.*, p., 33.

[40] *Idem.*

comerciales o que su función estaba limitada a su propia superficie. De Jamaica parten hacia las costas de Yucatán barcos cargados de esclavos armados de hachas para cortar madera de Campeche.[41]

Las cifras y las consideraciones que he expuesto aquí y que me sería fácil multiplicar, nos ayudan a comprender no tanto la debilidad española y el poder de Inglaterra y Holanda (tema importante pero que sin embargo no afecta la historia *interna* de América), sino la capacidad de absorción del mundo hispanoamericano, pues todo el problema está ahí. El "Imperio" de América muestra un apetito extraordinario durante todo el siglo xvii. Si España no es capaz de satisfacerlo, es reflejo de la crisis española del xvii y no de la crisis americana. Insisto: en lo que se refiere al comercio internacional, la América española no presenta ninguna señal de crisis en el siglo xvii.[42] Pero no se trata sólo de las relaciones internacionales. A partir del siglo xvii, esencialmente, es cuando se establecen definitivamente las relaciones comerciales interamericanas.[43]

Ejemplo de ello es la gran línea que se establece entre Venezuela y México. En este caso todo gira alrededor del cacao. México, gran consumidor de este producto, se ve obligado a importar y uno de sus grandes proveedores será Venezuela, además de Cuba, Santo Domingo y Cartagena.[44] Es evidente que estos envíos de cacao ponen en movimiento algunos "retornos", como son plata de México, oro de Cartagena y tabaco de Cuba.

Por otra parte, Cuba es un buen ejemplo de centro de relación inter-

---

[41] *Ibid.*, p. 34.

[42] El caso de Brasil no difiere mucho del de la América española, aunque la ocupación holandesa de una buena parte del país complica considerablemente los cálculos. A pesar de ello, podemos decir que esta ocupación impulsó a los portugueses a intensificar la producción en las regiones que permanecieron bajo su control. Las cifras del número de barcos que unen Brasil con Portugal (una vez que terminó la ocupación holandesa) de que disponemos para el fin del siglo son considerablemente más fuertes que lo que encontramos (en cuanto a las relaciones con Portugal y Holanda) en el periodo precedente. A esto hay que añadir que el valor de estas exportaciones aumenta, no sólo porque desde fines de siglo intervienen los envíos de oro, sino también porque en la composición de las exportaciones aparece otro producto "rico": el tabaco. Por lo que se refiere a lo anterior, remito al lector a F. Mauro, *Le Portugal...*, *op. cit.*, pp. 265 y ss., así como a C.R. Boxer, *Os Holandeses no Brasil, 1624-1654*, São Paulo, 1961, en especial el apéndice iii; M. Buescu y V. Tapajos, *Historia do desenvolvimento economico do Brasil*, Río de Janeiro, 1969, pp. 127 y ss; C.R. Boxer, *Salvador de Sá e a luta pelo Brasil e Angola*, São Paulo, 1973, pp. 88 y ss., y 193 y ss.

[43] La bibliografía sobre este tema casi no existe, pero cf. D. Ramos y M. Rubio Sánchez, *Comercio terrestre de y entre las provincias de Centroamérica*, Guatemala, 1973.

[44] Cf. E,. Arcila Farías, *Comercio entre Venezuela y México en los siglos xvii y xviii*, México, 1950, pp. 53 y 71 y ss., y cf. también el estupendo ensayo de M. Bertrand, "Sociétés secrètes et finances publiques: fraudes et fraudeurs à Veracruz au xviie et xviiie siècles", en Mélanges de la Casa Velázquez, XVI, 2, 1990.

regional. Alrededor de la isla se forma una verdadera red. *Grosso modo*, todos los años parten de siete a ocho barcos de Cartagena, Colombia, cargados de tabaco.[45] Pero la isla también está vinculada con México (de donde importa sobre todo harina), Honduras, Maracaibo, Santo Domingo, Campeche, etc. Por lo contrario, entre 1639 (75 días), 1640, 1641 y 1642 (74 días) se registran oficialmente los siguientes arribos: dos de España y uno de las Islas Canarias.[46]

Por supuesto, los barcos empleados en la navegación del Caribe son de un tonelaje inferior a los que hacen tráfico internacional.[47] Sin embargo, conviene añadir también que el contrabando de los navíos que navegan en el ámbito interregional es muy intenso.[48] Quisiera insistir en este problema de los vínculos interregionales, presentando el caso del comercio de un producto pesado: el trigo. A fines del siglo XVII se inicia el gran enlace Callao-Valparaíso, cuyas relaciones comerciales databan de antiguo[49] y giraban alrededor de la grasa animal, las pieles, los aparejos y las jarcias, entre otros; pero pronto será el trigo el que tome el papel preponderante.[50]

Existen también otros productos que nos muestran la formación de una red muy cerrada de comunicaciones comerciales. Así, durante el siglo XVII se inicia el tráfico de mulas entre Salta y el Alto Perú, que de algunas decenas a mediados del siglo pasa a 22 797 en 1694.[51] Esta importante actividad propicia que una serie de personas se empiece a dedicar a la cría, el adiestramiento y la conducta de animales, ya que no se trata sólo de un hecho comercial, sino también de un hecho de cría de ganado de gran envergadura, que fue la única manifestación en grande de este tipo de actividad que se realizó en el Río de la Plata durante la época colonial: es preciso contar con animales "mansos" para poderlos llevar hasta la meseta peruana. No se trata únicamente de mulas, sino también de un considerable movimiento de ganado que va desde el Río de la Plata hasta el Alto Perú. Sin tomar al pie de la letra a B. Vicuña Mckenna[52] que habla de un movimiento de un millón

[45] L. Marrero, *Cuba: economía y sociedad...*, vol. IV, 1975, p. 54.
[46] *Ibid.*, p. 163.
[47] *Idem.*
[48] I. Macis, *Cuba en la primera mitad del siglo XVII,* Sevilla, 1978, pp. 171 ss.
[49] H. y P. Chaunu, *op. cit.*, t. VIII, pp. 1169-1174.
[50] D. Ramos, *Navieros del Callao y hacendados limeños entre la crisis agrícola del siglo XVII y la comercial de la primera mitad del XVIII*, Madrid, 1976.
[51] E.B. Toledo "El comercio de mulas en Salta: 1657-1698", en *Anuario del Instituto de Investigaciones Históricas*, Universidad Nacional del Litoral, 8, 1965, p. 275.
[52] Vicuña Mackenna, *Valparaíso..., op. cit.*, vol II, p. 17.

de borregos por año a fines del siglo xvii, podemos aceptar tranquilamente el paso de un cierto número de cabezas desde la planicie hacia el Alto Perú. Hay que añadir también un flujo de exportación de bovinos. Así, de 7 050 cabezas que se exportaban entre 1596 y 1600, llegan a 42 626 entre 1641 y 1645 y a 69 027 entre 1681 y 1685,[53] y estoy hablando únicamente de exportaciones a partir de Córdoba. Ahora bien, no cabe duda de que también comenzaban a viajar otras cabezas de ganado procedentes de otras localidades de la pampa.[54] Otro producto, objeto de fuertes intercambios interregionales, fue la coca y también la yerba mate. Como se sabe, esta última es una planta cuya producción está concentrada en Paraguay. El uso difundido entre blancos y mestizos creció rápidamente y se extendió fuera de las fronteras de Paraguay hasta llegar a Río de la Plata, Chile, Perú y aún más lejos. Así pues, poco a poco aumentan las cantidades de yerba que parte de Paraguay en todas direcciones. Este comercio se hace cada vez más importante: entre 1637 y 1682, se pasa de 2 500 arrobas anuales a un promedio de 25 000;[55] y aquí no acaba esto, pues sería preciso añadir las cantidades exportadas de las "reducciones jesuitas", que como se enviaban directamente a Buenos Aires se nos escapan totalmente. Incluso aunque no se acepte la cifra de 100 000 arrobas que registra un documento refiriéndose a 1681,[56] hay que pensar que se trata de cantidades importantes.

Estas consideraciones sobre la circulación de mercancías que acabo de exponer no deben hacer creer, por supuesto, en la formación de un mercado interno (y menos todavía en uno "nacional" o "capitalista"), como ingenuamente se tiende a creer. Marcello Carmagnani, a quien le debemos uno de los estudios más serios al respecto, destaca con toda justeza que se puede "hablar más bien de un proceso de agregación de diversos mercados regionales, pero no de un principio de formación de un mercado colonial único".[57]

A pesar de estas justas limitaciones, es sin embargo importante destacar que este fenómeno de "inicio de un proceso de agregación de diversos mercados regionales" se manifiesta durante el transcurso del siglo xvii, signo indiscutible de una vida económica animada de una cierta tensión.

[53] C. Sempat Assadurian, *Potosí y el crecimiento...*, *op. cit.*, pp. 175-176.
[54] Z. Moutoukias, *El Río de la Plata...*, *op. cit.*, p. 266.
[55] J.C. Garavaglia, *Mercado interno y economía colonial*, México, 1983, p. 70.
[56] *Ibid.*, p. 71.
[57] M. Carmagnani, *Les mécanismes de la vie économique...*, *op. cit.*, p. 265.

Siempre se tiene el deseo de aclarar las cosas y de ahí la preocupación por separar netamente los argumentos. Por tanto, ahora debería tocar el punto de la circulación local, es decir, dentro de una misma región; pero aunque, por supuesto, existen productos de circulación estrictamente local, resulta difícil encontrarlos; quizá algunas frutas, legumbres y, en general, productos altamente perecederos que en la medida en que escapan a cualquier control fiscal no dejan huella. Cierto es que encontramos algunos ejemplos a través de las lecturas de textos de los viajeros o de algunas crónicas que por ejemplo nos hablan de botes cargados de limones y de legumbres que van desde Gibraltar (localidad ribereña de la laguna de Maracaibo) a Maracaibo y que regresan con carne;[58] pero estos fenómenos dispersos difícilmente nos permiten hacer consideraciones generales. El único ejemplo aceptable, que yo conozco, es el del pulque, producto pobre, de consumo esencialmente popular, pero un producto (del que a partir de 1668, con el establecimiento del asiento, se pueden conocer las rentas, y por ende el consumo), que la Corona retira de su comercialización. Pues bien, esas rentas procedentes del "ramo del pulque" en Nueva España pasan de menos de 50 000 pesos entre los años sesenta, a alrededor de 150 000 durante los años veinte y treinta del siglo XVIII.[59]

Estos tráficos locales, repito, son difíciles de captar pues escapan en una gran parte a todo control fiscal.

¿Qué concluir de todo esto? Tratar de sopesar los diferentes tipos de comercio (internacional, interamericano, regional y local) es una empresa importante, pero imposible. Sin embargo, para tener una idea, aunque sea aproximada, del peso de los diferentes sectores comerciales, examinemos el caso del mercado de Potosí en 1733. En este gran "polo de crecimiento", como se le ha bautizado, en este gran centro de economía capitalista (?), la mayor parte de los bienes de consumo comercializados son de origen americano, ya sea lejano (yerba, tabaco, aguardiente) o cercano (maíz). Quedan en un último término los productos que provienen del comercio internacional (véase la gráfica IV.6).

Recapitulemos. No creo, en absoluto, en la función motora del comercio en la economía de las sociedades preindustriales, función que conduciría a un pretendido, mas no bien identificado, capitalismo

---

[58] A.O. Exquemelin, *Los piratas de América (1678)*, Santo Domingo, 1979, página 110.

[59] J. J. Hernández Palomo, *La renta del pulque en Nueva España (1663-1810)*, Sevilla, pp. 367 y ss.

GRÁFICA IV.6. *Composición del mercado de Potosí en 1733*

FUENTE: Juan Carlos Garavaglia, "El mercado interno colonial y la yerba mate", en *Nova Americana*, núm. 4, Turín, 1981, p. 200.

comercial. Dicho esto, es difícil impugnar que el comercio tanto interno como internacional sea un termómetro de la situación general.

Ahora bien, de todo lo expuesto en las páginas precedentes podemos sacar las siguientes conclusiones en lo que se refiere a Europa:

1. Se observa una caída de los intercambios cerealeros que donde más se deja sentir es en el Mediterráneo y en el Báltico, y que está ligada a la detención de un crecimiento urbano *rápido* y al fortalecimiento del abastecimiento a corta distancia.

2. Interrupción de la ruta mediterránea de las especias (que dio inicio en el siglo XVI y que fue definitiva sobre todo a partir de la segunda mitad del siglo XVII), que, sin embargo, estuvo acompañada de un progreso en compensación del tráfico de Europa (sobre todo de Holanda e Inglaterra) hacia Asia y viceversa, por la ruta del Atlántico y del Océano Índico, acompañada de una participación (también holandesa e inglesa) en el comercio asiático (de la India a la India).

3. Una cierta desindustrialización, sobre todo en el ramo textil, de la zona mediterránea que se convierte en un lugar de importación de productos manufacturados, importación compensada (en valor mas no en dinamismo económico) por la exportación de productos en bruto o semielaborados, sobre todo en dirección a la Europa del noroeste (hilados de seda) y a la Europa central y oriental (tejidos de seda de lujo).

4. Un cierto relajamiento de las redes comerciales internas; las diferentes ferias, por lo menos las que conocemos, no parecen haber tenido (más allá de su evolución cuantitativa) el dinamismo que las había animado en el siglo XVI.

Éste es el panorama europeo, muy modesto con excepción de lo que se refiere a los países Bajos y a Inglaterra.

En cambio en Hispanoamérica asistimos a un progreso cuantitativo del comercio Europa-América, sobre todo con la participación inglesa y holandesa (y también francesa) y un retroceso de la española. Hay que subrayar además el fortalecimiento bastante considerable de las relaciones internas en el continente americano, ya que sin que podamos hablar de la  formación de un mercado interno, lo cierto es que en el transcurso del siglo XVII se inicia la agregación de ciertos mercados regionales.

En resumen, también  en este capítulo del comercio asistimos a una contracoyuntura Europa-América. Naturalmente, con excepción de Inglaterra y Holanda (temo que el lector empiece a cansarse de esta distinción que introduzco a cada paso, pero, considero, es necesaria).

# ALGUNAS CONSIDERACIONES FINALES

CONSIDERACIONES FINALES y no "conclusión", pues esto es precisamente lo que quiero decir, pues esa palabra firme, exclusiva, perentoria, no cabe aquí.

Los hechos que he presentado se producen en ámbitos geográficos diferentes en cuanto a población y producción agrícola (y también "industrial"), monedas y precios, metales preciosos y comercio. A primera vista, el todo parece estar un poco desordenado, sin vínculos aparentes; pero la investigación es un laberinto y no una simple línea recta. Tratemos, pues, de encontrar el hilo de este laberinto.

De una manera general, muy general, ¿qué se puede desprender de todo lo que acabamos de decir?

En primer lugar, dos hechos que me parecen fundamentales:

*a)* La crisis europea del siglo XVII no se presta a dudas, pero dentro de esta crisis, es preciso destacar ciertos grados, ciertos matices que corresponden al gran desplazamiento que hubo del Mediterráneo hacia Europa del norte (Holanda, pero sobre todo Inglaterra, con diferencias de estructura entre ambos países; volveré al tema todavía una vez más); y

*b)* América presenta señales de coyuntura inversa con relación a Europa.

Tratemos de hacer un balance más preciso. Pienso que es posible resumir los datos contenidos en los capítulos anteriores con el propósito expreso de separarlos en dos categorías: *a)* datos cuantitativos y *b)* datos cualitativos.

Los datos cuantitativos son, evidentemente, los más fáciles de manejar. Comencemos, pues, por éstos.

Veamos más adelante el esquema que se puede obtener (véase el cuadro sobre un balance de la producción en la siguiente página). Si tradujéramos este esquema por signos (+) o (-), la posición aparecería de una manera clarísima[1] (cf. más adelante el cuadro de la p. 166).

---

[1] N. Cipolla, *Storia economica dell'Europa pre-industriale*, Bolonia 1974, p. 287, ofrece una

*Balance cuantitativo de la producción*

|  | *Europa* | *América* |
|---|---|---|
| Población | Tendencia al estancamiento o a la baja | Recuperación |
| Monedas | Acuñaciones estancadas | Acuñaciones al alza |
| Metales preciosos | Arribos al alza, pero con salidas importantes hacia Extremo Oriente | Producción al alza |
| Precios | A la baja o con tendencia al estancamiento | Al alza |
| Comercio | Contracción del comercio europeo; expansión del comercio intercontinental (sobre todo inglés y holandés) | Contracción del comercio oficial; expansión del comercio directo; estructuración del comercio interno |

Esto se refiere únicamente a fenómenos que podemos captar con mayor o menor acierto a partir de datos cuantitativos; es decir, que se nos escapa la producción tanto agrícola como de bienes no agrícolas; es más, únicamente podemos seguirla mediante las manifestaciones de orden cualitativo. En este grado, observamos una contracción de la

gráfica sobre las tendencias económicas generales en diferentes países de Europa entre 1500 y 1700 que, *grosso modo*, reúne lo que acabo de decir:

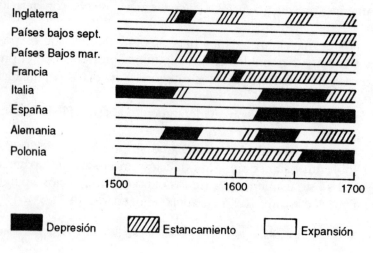

producción agrícola europea generalizada y una fuerte restructuración de las fuerzas de trabajo de ese mismo mundo agrícola (con excepción de Inglaterra).[2]

La agricultura en América no da señales de una gran recuperación, pero sí da muestras de una cierta estructuración, de una clara consolidación de las situaciones inciertas, precarias, que habían madurado durante el siglo XVI. Al siglo de la Conquista, animada esencialmente por la búsqueda de metales preciosos, sigue el siglo XVII, siglo de la tierra, pero esto evidentemente no significa que se haya perdido el interés por el oro y la plata.

Existe, pues, una oposición entre una coyuntura americana y una europea; pero antes de proseguir, vale más precisar una vez más los caracteres más importantes de esta coyuntura "europea".

Sé perfectamente que podemos encontrar una ciudad, un pueblo o una región donde se registra un aumento de la población; donde el comportamiento del movimiento de los precios no es en rigor el mismo para el trigo que para la mantequilla, lo tejidos o los metales, y en alguna zona de Europa podremos encontrar cultivos de plantas industriales prometedoras; pero el "hecho" permanece: Europa atraviesa por una crisis secular. La estructura agrícola europea cede hacia fines del siglo XVI, pues sobre esta crisis estructural se abate la gran crisis coyuntural de 1619-1622, y la crisis se prolonga fácilmente hasta 1730-1740. Aunque con ciertos matices internos, el panorama es el que me he esforzado en demostrar en estas líneas, con las excepciones que he indicado: Holanda e Inglaterra; y no se trata de una excepción sino de *dos*, pues mientras la expansión holandesa no es más que la recuperación, en gran escala, de un viejo sistema (*grosso modo*, el veneciano), en Inglaterra representa algo *nuevo*. ¿Por qué es viejo el crecimiento holandés? Porque su desarrollo está basado en "a feudal business economy", para hacer uso de la expresión de Eric Hobsbawn.[3] Esta expresión puede aceptarse o no, pero el *hecho* permanece y es bastante simple: los negocios (comercio, banca, etc.) se adaptan muy bien a cualquier estructura. Sería un grave error (desgraciadamen-

---

[2] Insisto en la contracción agrícola de Europa, a pesar de las observaciones que me ha hecho J. Topolski, *Narodziny Kapitalizmu w Europie XIV-XVII wieku*, Varsovia, 1965, pp. 159 y ss. Pasemos de largo los detalles, pero es extraño que J. Topolski cite a W. Abel y a B. Slicher van Bath cuando se trata de la crisis del XIV (y de la relativa contracción agrícola) y no los tome en cuenta cuando del siglo XVII se trata... ¿Definiremos esta manera de proceder como un sabio "equilibrio" de las citas?

[3] E. Hobsbawm, *The Crisis...*, *op. cit.*, p. 42.

te muy frecuente) sacar conclusiones de cambio real de la estructura dominante, simplemente porque vemos que un comercio o una banca progresan, dado que este crecimiento representa fundamentalmente el enriquecimiento de algunos grupos sociales o de una ciudad. Es todo, punto. Por supuesto, la multiplicación de las actividades de "negocios" puede ser también un motor (parcial, por cierto) de crecimiento, pero sólo con la condición de que el capital acumulado por esos "negocios" se destine a inversiones productivas y no se reinvierta en actividades especulativas parasitarias, pues la clave del desarrollo es la producción, no la especulación.

Por ejemplo, insisto en creer en la crisis de Venecia a pesar de que algunos "capitalistas" de la ciudad inviertan dinero en la Compañía Holandesa de las Indias.[4] No es el dinero en sí mismo lo que hace el capitalismo moderno.

Ahora bien, la novedad inglesa se caracterizó porque en un momento dado se le da prioridad a la producción: "el futuro industrial probablemente estaba más con los Estados 'modernos' como el británico que con los 'pasados de moda' como las Provincias Unidas."[5]

Volvamos al caso americano y tratemos de compararlo por un momento, no con Europa, sino únicamente con España y veremos que la contracoyuntura es todavía más clara.

La decadencia de España, y especialmente de Castilla en el siglo XVII, es un hecho fehaciente.[6] ¿Cuáles fueron las causas?, ¿la expulsión de los moriscos?,[7] ¿las guerras continuas con sus cargas?, las consecuencias de la gran revuelta catalana de 1640?,[8] ¿el caso monetario?,[9] o ¿habrá que mencionar también ciertos estereotipos como la indolencia de los españoles[10] o el rechazo de las actividades comerciales e indus-

---

[4] V. Barbour, *Capitalism in Amsterdam in Seventeenth Century*, Baltimore, 1950, p. 57.

[5] E. Hobsbawm, *The Crisis...*, *op. cit.*, p. 42.

[6] Existen diversos intentos para negar o por lo menos para velar esta crisis española, pero son bastante poco consistentes: cf., por ejemplo, H. Kamen, "The Decline of Spain: A Historical Myth", en *Past & Present*, núm. 881, noviembre de 1978.

[7] H. Lapeyre, *Géographie de l'Espagne morisque*, París, 1959.

[8] El gran libro de J.H. Elliot, *Revolt of Catalans. A Study in the Decline of Spain (1598-1640)*, Cambridge, 1963.

[9] E.J. Hamilton, "La decadencia española en el siglo XVII", en *El florecimiento del capitalismo y otros ensayos de historia económica*, Madrid, 1948.

[10] Existen innumerables referencias; pero ¿no sería conveniente mencionar que esta "indolencia" es universal? Los trabajadores ingleses del siglo XVII no eran precisamente campeones de la productividad: cf. D.C. Coleman, "Labour in the English Economy of the Seventeenth Century", en *The Economic History Rewiew*, VIII, 1956, pp. 280-295, y J.H. Elliot, "The Decline of Spain", en T. Aston (comp.), *Crisis in Europe...*, *op. cit.*, p. 171.

triales sacrificadas al ideal de la aristocracia? En mi opinión creo que es necesario aceptar la tesis de J.H. Elliot,[11] para quien

> Parece poco probable que cualquier consideración sobre el *ocaso de España* pueda alterar de manera sustancial la versión comúnmente aceptada de la historia de España del siglo XVII porque, aunque las barajemos, las cartas con que contamos siempre son las mismas: vagancia y vagabundeo; ineptitud gubernamental y todo un contenido penetrante en cuanto a los acerbos hechos de la vida económica. Sin embargo, en lugar de seguir difundiéndolos indiscriminadamente, se pueden someter a algún patrón y darles cierta coherencia.
>
> Aun así, cuando por último acabemos de barajar y las cartas estén distribuidas con justicia, queda la duda: no es posible disentir de la opinión que sobre España tenía Robert Watson *(History of the Reign of Philip III,* publicado en 1783): "su poder no correspondía a su inclinación", ni tampoco de la estricta manera de pensar de un contemporáneo, González Cellorigo, quien decía: "parece como si uno hubiera deseado reducir esos reinos a una república de seres encantados que vivieran fuera del orden natural de las cosas, una república cuyo ciudadano más famosos era don Quijote de la Mancha".

Crisis española, entonces, pero es evidente que la crisis y el debilitamiento de la metrópoli sólo pueden provocar un relajamiento del control ejercido sobre las colonias. La contracoyuntura americana nos refleja fundamentalmente esa independencia y esa liberación. El monopolio comercial español, que había abastecido a América con cuentagotas durante el siglo XVI, ya no funciona en el XVII y empieza a prosperar el contrabando (comercio "directo") con ingleses, holandeses, franceses, etc. ¿El Estado es débil? Entonces las remesas fiscales en dirección a España disminuyen y América conserva para ella más dinero. En el aspecto militar e internacional, España ya no es lo que había sido en el siglo XVI; ahora está obligada a destinar dinero (americano, ciertamente) a la defensa de América (fortalezas, artilleros, hombres, "armada de Barlovento"), lo cual significa una vez más que el dinero se queda en América. Pero el debilitamiento del Estado español no se traduce sólo en el hecho de que se quede más dinero en América; hay algo más importante que se da en el transcurso del siglo XVII (siglo que dura hasta las "reformas" del XVIII que no son más que la última tentativa por recuperar el "Imperio") y es que la vida americana resulta cada vez más autónoma.

---

[11] J.H. Elliot, "The Decline...", *op. cit.*, p. 185.

Me gustaría ofrecer tan sólo una prueba de ello. En 1680 aparece la *Recopilación General de las Leyes de Indias*. A primera vista no hay nada más significativo para demostrar que el Estado domina a sus colonias; pero veámoslo más de cerca. Madrid publica una *Recopilación General* en 1680, pero en Perú (1685) se apresuran a oponerle una *Recopilación Provincial*,[12] que es, como su nombre lo indica, una compilación fundamentalmente de las disposiciones y las ordenanzas de los virreyes a partir de Toledo. Es evidente que este voluminoso libro no es tan sólo una forma de autonomía con respecto a Madrid (en el fondo esta autonomía existía *de facto* desde hacía mucho tiempo), sino mucho más; es la constancia oficial a nivel provincial, por supuesto, de esta misma autonomía.

¿Cómo podemos explicar la debilidad del Estado español? Después de Maquiavelo es claro que, en esencia, existen cuatro variables que se deben considerar cuando se habla de Estado. Un Estado puede ser fuerte o débil, rígido o flexible. Son pues, cuatro factores que se pueden combinar entre sí. Pues bien, el Estado español del siglo XVII era al mismo tiempo débil y rígido. Rígido significa casuista, puntilloso, legislador para cualquier propósito, en extremo burocratizado, que decide todo y lo contrario de todo. Débil significa que carece de fuerza para hacer aplicar los principios inspirados por su rigidez.

Por supuesto, en el contexto americano, los cargos supremos (el de virrey por ejemplo) siempre están en manos de los españoles originarios de la península, lo cual no impide que durante el siglo XVII se conforme una clase dirigente "criolla".

Veamos algunas pruebas de ello. Para empezar, la concesión de títulos y órdenes nobiliarios a americanos.[13]

| Siglo | Santiago | Calatrava | Alcántara | Montera | Malta | Carlos III | Total |
|-------|----------|-----------|-----------|---------|-------|------------|-------|
| XVI | 11 | 3 | 2 | 0 | 0 | 0 | 16 |
| XVII | 281 | 100 | 38 | 0 | 3 | 0 | 422 |
| XVIII | 198 | 51 | 28 | 5 | 4 | 123 | 409 |

[12] Cf. S. Zavala, *El servicio personal de los indios en el Perú*, t. II, México, 1979, pp. 153 y ss. Respecto de la difusión de los "comentarios" y otras "notas" a la *Recopilación* de 1680 en Nueva España, cf. el ensayo introductorio de D. Bernal de Bugeda a P.A. de Palacios, *Notas a la Recopilación de Leyes de Indias*, México, 1979, p. 14.

[13] G. Lohmann Villena, *Los americanos en las órdenes nobiliarias*, Madrid, 1947, vol. 1, pp. LXXIV-LXXV y XII.

Es, pues en el siglo xvii cuando se da el mayor número de concesiones nobiliarias, por lo menos, como me lo hace notar Horst Pietschmann, de las órdenes nobiliarias "inferiores", pues el siglo xviii es el que se lleva la palma en la concesión de los títulos de "alta" nobleza (conde, duque, etcétera).[14]

Sería injusto liquidar este fenómeno del ennoblecimiento tratando a estos nobles en forma burlona como "nuevos ricos" que ocultan su modesto origen con títulos pomposos, aunque este aspecto no se puede negar totalmente. Pero hay algo más y es que no hay que olvidar que la Corona española en un principio se mostraba reacia a la formación de una aristocracia americana; lo que ella tenía programado era más bien provocar el nacimiento de lo que G. Lohmann Villena designa con el bonito nombre de "mesocracia", es decir, una aristocracia en tono menor. Las concesiones, o si se prefiere las compras de los títulos de las órdenes nobiliarias, representan, pues, una victoria americana contra la voluntad real.

Paralelamente a la formación de esta aristocracia formal, se dio también otro fenómeno que fue la enorme difusión del mayorazgo, lo cual contribuye a la formación de lo que G. Céspedes del Castillo llama la "aristocracia rural".[15]

Empero, no es únicamente en estos niveles "nobiliarios", "aristocráticos", donde aparecen las manifestaciones de esta estructuración americana confirmada también por la creación (en México en 1592 y en Lima en 1613) de Consulados de Mercaderes,[16] cuya función anti-Sevilla y después anti-Cádiz es indiscutible aunque diferente.

Añadamos la venta de oficios a buen número de criollos.[17] Ésta, en

---

[14] Así, por ejemplo, respecto de la concesión de altos títulos de nobleza en México, cf. D. Ladd, *The Mexican Nobility at Independence, 1780-1826,* Austin, 1976, en especial las pp. 13-23.

[15] G. Céspedes del Castillo, "Las Indias en el siglo xvii", en J. Vicens Vives (comp.), *Historia de España y de América,* vol. III, Barcelona 1972, p. 469. Es oportuno recordar que los mayorazgos no son únicamente un hecho de orden económico. Tienen un valor político y social. Para empezar, un individuo no decide la creación de un mayorazgo; es el rey, y solamente el rey, quien da el acuerdo para fundarlo. Pero esta concesión va acompañada del "juramento y pleito homenaje" y de un ceremonial (términos, fórmulas, gestos, ritos que, ¿es preciso recordarlo?, para los hombres de la época eran cosas concretas) que, para retomar las palabras de un testigo no sospechoso (G. Céspedes del Castillo, *Las Indias...,* op. cit., p. 469), "recuerdan el usado en la Edad Media entre vasallos y señores". A esto es preciso añadir las posibilidades de carrera militar que se ofrecieron a los "soldados de fortuna" en América, especialmente durante el siglo xvii; cf. J. Marchena Fernández, *Oficiales y soldados en el ejército de América,* Sevilla, 1983, p. 30.

[16] R.S. Smith, "The Institution of the Consulado in New Spain", en *The Hispanic American Historical Review,* XXIV, 1944, pp. 61-83; R.S. Smith *El índice del Archivo del Tribunal del Consulado de Lima con un estudio histórico de esta institución.* Lima, 1948.

[17] Literatura muy vasta, pero cf. K. Andrian, "The Sale of Fiscal Offices and the Decline of Royal

verdad, no tuvo un valor positivo para la América española: pero no se trata aquí de juzgar qué fue bueno y qué fue malo o qué fue lo mejor o lo peor; lo que cuenta es el proceso de "americanización" progresiva de la América española. Sé muy bien que esta americanización de la administración local mediante la venta de oficios no cambió la estructura tradicional de esta misma administración, pero esta transferencia de competencias sigue siendo algo muy importante

Prosigamos: para confirmar este proceso de americanización, me parece muy importante seguir el proceso de creación de las universidades.[18]

Siglo XVI: 4 (Santo Domingo, 1538; Lima, 1551; México, 1551; Bogotá, 1580)
Siglo XVII: 8 (Córdoba, 1629; Guatemala, 1625; Sucre, 1624; Mérida, Yucatán, 1624; Ayacucho, 1677; Santiago de Chile, 1685; Quito, 1781; Cuzco, 1690)
Siglo XVIII: 4 (La Habana, 1721; Panamá, 1749; Guadalajara, 1971; Caracas, 1721)

Esta lista, cualquiera que sea el sentido que se le dé a la palabra "universidad", justifica plenamente las consideraciones de A.M. Rodríguez Cruz, para quien "el siglo XVI vive la gestación de las universidades y el XVII asiste a la proliferación. En esta época es cuando empiezan a consolidarse algunos establecimientos de primera magnitud".[19] En este caso no es tanto su "magnitud" (indiscutible en algunas de ellas) sino su "proliferación" lo que en mi opinión atestigua esa voluntad "criolla" de proporcionarse instrumentos locales con el fin de no depender más de la Metrópoli. Ciertamente el modelo sigue siendo la Universidad de Salamanca,[20] pero la proliferación es netamente americana.

A este renglón de las universidades habría que añadir el de las imprentas. En este caso, los hechos son más difíciles de interpretar.

Authority in the Viceroyalty of Peru, 1633-1700", en *The Hispanic American Historical Review,* 62, 1982, núm. 1.

[18] Cf. A.M. Rodríguez Cruz, *Historia de las universidades hispanoamericanas. Periodo hispánico,* vols. 1-2, Bogotá, 1973, y cf. también A.M. Rodríguez Cruz "Les universités hispano-améri- caines de la période hispanique (1538-1812)", en L. Jílek (comp.), *Historical compedium of European Universities,* Ginebra, 1984, y B. Slicher van Bath, *Spaans Amerika...,* op. cit., p. 60. Insisto en subrayar que para la construcción de mi cuadro no he tomado como base las fechas de "fundación" sino únicamente las de las actas que autorizan la concesión de grados universitarios. En efecto, con frecuencia, la primera "función" no se refiere más que a colegios que no otorgan grados universitarios. Quisiera indicar una vez más que en ciertas ciudades, como por ejemplo Quito, estamos ante la presencia de dos universidades; en este caso no tomo en cuenta tales duplicaciones.

[19] A.M. Rodríguez Cruz, *Les universités...,* op. cit., p. 68.

[20] A.M. Rodríguez Cruz, *Salamantica docet. La proyección de la Universidad de Salamanca en Hispanoamérica,* vol. I, Salamanca, 1977.

Para empezar habría que hacer una lista[21] con la fecha de la primera imprenta establecida en cada país y en cada ciudad de la América española:

Siglo XVI:   2 (México, 1539; Lima, 1584)
Siglo XVII:  2 (Puebla de los Ángeles, 1640; Guatemala, 1660)
Siglo XVIII: 14 (Paraguay, 1705; La Habana, 1707; Oaxaca, 1720; Bogotá, 1739; Ambato, 1754; Quito, 1760; Nueva Valencia, 1764; Córdoba, 1766; Santiago de Chile, 1776; Buenos Aires, 1780; Puerto España, 1786; Guadalajara, 1793; Veracruz, 1794; Santiago de Cuba, 1796)

En este caso, es evidente que el siglo XVII no ocupa una posición de especial relevancia, pero hay una explicación para esto: la Metrópoli ejerció, sobre todo con la colaboración del brazo férreo del Tribunal de la Inquisición, un control muy estricto de todo lo que se publicaba y de lo que se leía en la Colonia. Desde el siglo XVI hasta el XVIII se insiste, con éxito, en la prohibición de que América publique cualquier cosa que tenga que ver con las Indias. Así es como surge la paradoja de contar con una universidad de primer orden, como la de Córdoba, en 1629, y no contar en esta ciudad con una imprenta hasta 1766, fecha en que empezó a funcionar la primera. Así pues, no es posible sacar muchas deducciones sobre la imprenta. Más bien habría que seguir la publicación de los libros (en España y en otras partes) que tratan temas "americanos", de autores "americanos" o "americanizados"; pero esto sería objeto de una inmensa investigación que no puedo tratar aquí. Sobre este tema, me permito tan sólo recordar que en 1629, León Pinelo publica su *Epítome de la Biblioteca Oriental y Occidental* que en cierta forma constituye el nacimiento de la bibliografía americanista y, por lo mismo, una toma de conciencia de un valor indiscutible.

Algo más: a más de tres siglos de distancia, las luchas en los conventos mexicanos para saber quién (español o criollo) debe ocupar el cargo de padre superior pueden parecernos un tanto folclóricas, pero en realidad estamos ante un hecho histórico de gran importancia, como nos lo hace ver J.I. Israel.[22] Es un hecho tan importante que en 1623 el papa Gregorio XIV establecerá la *alternativa,* es decir, que la dirección de las

---

[21] Esta lista está elaborada a partir del conjunto de los trabajos de ese gran sabio que fue José Toribio Medina. Para obtener una visión de conjunto, cf. la recopilación de lo más esencial de su obra sobre la historia de la imprenta: *Historia de la imprenta en los antiguos dominios españoles de América y Oceanía,* 2 vols., Santiago de Chile, 1958.

[22] J.I. Israel, *Razas, clases sociales y vida política en el México colonial, 1610-1670,* México, 1980, pp. 108-111.

provincias de las distintas Órdenes desde ese momento quedarán aseguradas por turno, por hermanos metropolitanos (que hasta ese momento tenían el monopolio) y criollos (esto, a pesar de la resistencia que opusieron los metropolitanos, en especial los franciscanos).

Más allá aún de la venta de oficios o mayorazgos, órdenes nobiliarias o conventos, ¿cómo olvidar que mientras el mundo indígena de Perú, a fines del siglo xvii, reconstituye su propia leyenda con ese gran texto que es la *Tragedia del fin de Atahualpa,* el mundo blanco y mestizo de ese mismo Perú (y más allá de éste) ve la canonización, en 1671, de Santa Rosa de Lima, primera santa americana?, y ¿acaso no es en 1648 cuando se institucionaliza en México el culto a la virgen de Guadalupe? Esta última se apareció entre el 9 y el 12 de diciembre de 1531, pero el verdadero culto comienza a mediados del siglo xvii cuando "la decepción de los criollos de sentirse 'colonos', es decir, de que todo viniese 'de allá' y nada hubiese 'de aquí', comenzó a sentir suya esta devoción, este milagro de origen netamente indígena, pero de floración criolla, nueva y sin raíces europeas, de México solamente".[23] En resumen, el mundo "americano", a partir del siglo xvii, desea hacer oír su voz y en cierta medida lo logra.

Para comprender mejor, retrocedamos en el tiempo. Nosotros decimos España, pero los españoles decían "las Españas", en plural. Durante tres siglos, el soberano se proclama *Hispaniarum et Indiarum Rex.* No se trata de ningún "imperio" (de los reyes de España, tan sólo Carlos V será emperador, del Santo Imperio). El conjunto de esas Españas (¡en plural!) y de esas Indias constituye la Monarquía Universal Española. ¿Por qué el plural? Por una razón bastante simple que se relaciona con las diferentes maneras de recibimiento de las diversas provincias de la península dentro de la "Monarquía":

*a)* Por incorporación al Reino (o a la Comunidad) lo que implica la función completa con la pérdida de los rasgos originales (por ejemplo, lo que sucedió en el caso de Granada), y

*b)* Por incorporación a la Corona de Castilla; en este caso tenemos una simple unión de dos reinos (el incorporado y el incorporador) en la que ambos conservan su especificidad (por ejemplo en el caso de Aragón).[24]

¿A título de qué las provincias americanas forman parte de la Monarquía Universal española? Oficialmente están incorporadas a la Corona de Castilla, mas como siempre, la diferencia entre "hecho y derecho"

---

[23] F. de la Maza, *El guadalupanismo mexicano,* México, 1984, p. 40.
[24] Cf. J.M. Ots Capdequí, *El Estado español en las Indias,* México, 1957, pp. 9 y ss.

es enorme. En la realidad, la tendencia de la monarquía fue considerar a las Indias como "dependientes" (la palabra es de Felipe II)[25] de Castilla. Y frente a esto, América siempre mostró tendencias centrífugas y tendencia a considerarse dotada de total autonomía. Dije siempre, pero este fenómeno adquirió una fuerza incomparable precisamente en el siglo XVII.

Autonomía: ¿cómo puede manifestar su autonomía una colonia?, ¿por qué medios? Esencial, aunque no exclusivamente, por la no observancia de las leyes. Como lo destaca con gran acierto G. Céspedes del Castillo:[26]

claro que tal sistema ofrecerá en seguida amplio campo al juego de intereses económicos y sociales, e irá separando, en beneficio de éstos, la legislación de la realidad histórica. Nos atreveríamos a decir que el principio de la inobservancia de la ley conserva en el siglo XVI su papel de instrumento para adecuar las leyes a las circunstancias típicas del Nuevo Mundo. En cambio, durante el siglo XVII, la extensión de dicho principio se amplía hasta desvirtuar su fin, y va quedando cada vez más al servicio de intereses locales y de grupo, bien de tipo social o económico: el grado e intensidad de su aplicación desvirtuada es el índice más preciso de la progresiva descentralización política y de la *creciente autonomía* [las cursivas son mías] de las Indias españolas; autonomía y descentralización que aumentarán sin cesar hasta que los monarcas borbónicos intenten realizar, avanzado ya el siglo XVIII, su política reformadora de centralismo y uniformidad.

¿Qué significa "creciente autonomía? Después de las indicaciones que proporcioné más arriba, contestaré en forma casi paradójica (pero menos de lo que a primera vista parece) con algunas consideraciones sobre la corrupción,[27] fenómeno que con demasiada frecuencia se ve sencillamente desde el ángulo de la ética. Sin embargo, la corrupción en sus consecuencias es un signo importante de autonomía. El hecho de poder actuar fuera, e incluso en contra de los intereses del poder central, representa una autonomía real,[28] ya que es evidente que la co-

---

[25] Citado por G. Céspedes del Castillo, *Las Indias...*, *op. cit.*, p. 491.

[26] *Ibid.*, pp. 524-525.

[27] La bibliografía básica está constituida, por supuesto, por los trabajos de J. van Klaveren, "Die historische Erscheinung der Korruption, in ihren Zusammenhang mit der Staats und Gesellschaftsstruktur betrachtet", en *Vierteljahrschrift für Sozial-und Wirtschaftsgeschichte*, 44, 1957; *Die historische Erscheinung der Korruption; II: Die Korruption in den Kapital gesselschaften, besonders in den grossen Handelskompanien*, idem.; III: *Die internationalen Aspekte der Korruption*, 45, 1958; *Fiskalismus, Merkantilismus, Korruption. Drei Aspekte der Finanz-und Wirtshaftspolitik während des Acien Regime*, 47 1960.

[28] H. Pietschmann, "Burocracia y corrupción en Hispanoamérica colonial. Una aproximación tentativa", en *Nova Americana*, 5, 1982, p. 29: un artículo magistral a pesar del subtítulo sumamente modesto.

rrupción es una cosa en el plano del poder central y otra en el plano del poder periférico, sobre todo cuando el centro está representado por un Estado rígido y débil, como lo es el Estado español. No se puede reducir la corrupción a aspectos anecdóticos, pues en realidad se trata de un fenómeno muy articulado. Detrás de esto está la venalidad de los oficios, misma que, como destaca Horst Pietschmann,[29] "permitió al sector criollo la penetración en la administración colonial". La corrupción, hija de la venalidad de los oficios, llega a su apogeo en el siglo XVII;[30] pero no es exclusiva de funcionarios deshonestos, pues sería demasiado sencillo: en realidad, su posibilidad de ejercer la deshonestidad está ligada (excepto en las capas más altas de la burocracia) al acuerdo (a la autorización estamos tentados de decir) de los grupos de la oligarquía.[31]

> Así fue como "en América venalidad y corrupción permitieron otra vez una mayor mobilidad social mediante el ascenso de elementos de modesto origen social a la oligarquía burocrática. Ocurriría entonces en América *lo contrario* [las cursivas son mías] que en la metrópoli en donde el estamento burocrático [...] cerró filas constituyendo un grupo social aparte que ya no admitió con tanta facilidad, como en la centuria anterior, elementos nuevos. Este desarrollo inverso se debe probablemente al hecho de que en España el beneficio del empleo —a lo menos en las capas de la alta burocracia— no llegó a tener ni lejos tal trascendencia como lo tuvo en América.[32]

En el caso de México, Mark A. Burkhoder y D.S. Chandler comprueban esto con toda firmeza en un libro cuyo título es revelador: *From Impotence to Authority*,[33] en el que los autores revelan que durante el periodo de impotencia del Estado español (1687-1750), los ministros criollos nombrados en México representan 44%, mientras que los de origen peninsular son 51% (el 5% restante está constituido por casos de origen desconocido); a raíz de que volvieron a tomar las riendas (las famosas "reformas"), la proporción será de 23 y 75%, respectivamente. Ya no se trata sólo de criollos en el sentido genérico de la palabra, sino de que un buen número de estos funcionarios son originarios del lugar donde ejercen su función. Estamos, pues, ante una fuerte localización

[29] *Ibid.*, p. 26.
[30] *Ibid.*, p. 25.
[31] *Ibid.*, p. 27.
[32] *Ibid.*, p. 26.
[33] Cito a partir de la edición española: *De la impotencia a la autoridad*, México, 1984, *passim*; en especial las pp. 47 y 203.

de los empleos públicos, para mal por un lado, pues ésta conduce más fácilmente a la corrupción, pero para bien por otro, pues es evidente que este proceso de poner en manos de los criollos las funciones administrativas hace que los lazos con la Metrópoli vayan debilitándose.

En suma, cualesquiera que sean los temas de investigación (vida en los conventos y órdenes nobiliarias, burocracia y universidad) estamos ante un poderoso movimiento de los criollos en América. Hoy en día, la cosa es de una claridad meridiana en el caso de Perú gracias a los trabajos de B. Lavallé: todos los aspectos que he indicado y otros más (la categoría espacio, por ejemplo) nos muestran claramente el afianzamiento de un espíritu criollo que remplaza al espíritu de colono.[34] Esto queda, pues bien claro en el caso de Perú; pero en otros países del ámbito americano, existen también numerosas manifestaciones que confirman la misma tendencia. Quisiera aquí hacer alusión a las admirables intuiciones de Octavio Paz en el que, para mí, es su mejor libro. En *El laberinto de la soledad* (1950), entre otros pasajes nos dice: "desde fines del siglo XVII [pero podemos fácilmente anticipar la fecha] los lazos que unían a Madrid con sus posesiones habían de ser los armoniosos que unen entre sí a un organismo viviente. El Imperio se sobrevive gracias a la perfección y complejidad de su estructura, a su grandeza física y a la inercia".[35]

Permítame el lector abrir un paréntesis. Desde un principio he dicho en estas páginas que deliberadamente pongo el acento en los aspectos económicos de la crisis europea del siglo XVII. Inevitablemente, he debido por lo menos hacer alusión a los aspectos políticos. Pero es evidente que existen otros aspectos que he dejado de lado. *Mea culpa, mea maxima culpa.* Pues bien, para hacerme perdonar un poco, hablaré aunque sea brevemente de esos "otros" aspectos.

Si reflexionamos bien, el hecho de analizarlos nos lleva a un problema muy simple. ¿Termina la crisis económica en una crisis social, en la

---

[34] E. Lavallé, *Recherches sur l'apparition de la conscience créole dans la viceroyauté de Lima*, Lille, 1982, 2 vols., y del mismo autor, "De l'esprit colon à la revendication créole", en *Esprit créole et conscience nationale*, París, 1980, pp. 9-36; "Conception, représentation et rôle de l'espace dans la revendication créole du Pérou", en *Espace et identité nationale en Amérique Latine*, París, 1981; "Exaltation de Lima et affirmation créole au Pérou", en *Villes et nations en Amérique Latine*, París, 1983; "Les ordres religieux et l'affirmation de l'identité créole dans la Vice-Royauté du Pérou (XVIe et XVIIIe s.)", en *Église et politique en Amérique Hispanique*, Burdeos, 1984.
[35] O. Paz, *El laberinto de la soledad*, México, 1969, p. 106, y también las pp. 90, 98 y 104.

crisis "general" (para decirlo con una sola palabra) o a la inversa, es esta última el vector de la crisis económica?

Si nos atenemos a una simple cronología, no cabe duda de que la crisis social, cultural, precede a la crisis económica. En los países católicos, la Contrarreforma evidentemente desempeñó un papel importante en el repliegue general en el aspecto religioso, pero también lo desempeñó en el aspecto social y cultural. Lo que Braudel llamó "traición de la burguesía" es ciertamente anterior a la crisis económica. El malestar político que estallará con un máximo vigor por toda Europa durante los años cuarenta del siglo XVII, empezó a manifestarse en varios países tales como España e Italia a fines del siglo XVI. Las inversiones en bienes-refugio empiezan también antes del XVII.

Todo nos llevaría a considerar la "crisis" económica como una consecuencia de las incertidumbres, las dudas y los cambios en otros sectores de la vida colectiva. Por tanto, no me decido a aceptar la primacía de la influencia (el huevo...) de esos factores sobre el estallido de la crisis económica (la gallina...).

No logro convencerme de esta prioridad, por la sencilla razón de que, a pesar de todo, me parece que las estructuras sociales, culturales y "espirituales" se mantendrán todavía durante mucho tiempo. Así, por ejemplo, es cierto que, como dije más arriba, el malestar político ya se manifiesta durante el último tercio del siglo XVI, pero el estallido (en forma de revueltas e incluso de una revolución, la primera verdadera revolución, que fue la inglesa) no se producirá hasta los años cuarenta del siglo XVII.

Por lo contrario, afirmo que la crisis fue más grave por factores de otro orden. Sin embargo, subrayo que el objetivo principal de este libro es la crisis económica europea en oposición a la situación imperante en América.

A veces me pregunto si he tenido razón para lanzarme a esta aventura de comparar la vida económica de los dos continentes durante un periodo tan largo. De antemano sé que estas páginas me aportarán, fundamentalmente, ataques. Por tanto, creo que aun cuando no acepten mis conclusiones, lo que acabo de escribir tiene el mérito de hacer reflexionar sobre ciertos problemas primordiales.

Algunos de ellos, reconocidos de orden "clásico" y ampliamente estudiados como la crisis "general" del siglo XVII. A pesar de las denegaciones de algunos historiadores que creen decir algo *nuevo* cuando afirman (aun sin pruebas) lo contrario de lo que otros han afirmado (los Hobsbawm, los De Vries, los Hill, los Kriedte y otros), y me parece que demostrado con serios argumentos y documentos, evidentemente existió en Europa una crisis general. Y esta "generalidad" existe cualesquiera que sean los significados que se le atribuyan a la palabra "crisis". Hubo "crisis" política tanto en Inglaterra como en España o en el Imperio otomano —y esto es así cualquiera que sea la forma en que desembocaron estas crisis, indiscutiblemente diferentes entre sí. Hubo crisis económica tanto en Italia como en Inglaterra, pero si en un caso la crisis es mortal en el otro se puede definir como resolución de problemas.

No podemos negar que ese siglo se vio azotado por las revueltas de Cataluña a Nápoles, de Mesina a Turquía, de Rusia a Inglaterra, tensiones que se manifestaron con violencia. Tan sólo un país, Inglaterra, saldrá totalmente renovado de este gran estallido. Cualesquiera que hayan sido las "razones" de la Revolución inglesa y de su evolución, lo cierto es que la Inglaterra de 1700 no tiene nada en común con la de 1639. En otras partes se dan situaciones diferentes según el país, pero cualesquiera que sean estas diferencias, lo que queda es que la estructura profunda de esos diferentes países no cambió tanto en el siglo XVII. Si así lo deseamos, podemos entusiasmarnos con el Estado absoluto de Luis XIV, pero no se puede negar que la estructura nobiliaria del Estado y de la sociedad francesa, heredera de la tradición feudal (¡por lo menos estarán de acuerdo con esto!) prospera. En otras partes se produce un franco retorno a la servidumbre, una refeudalización, esa palabra maldita que no me arrepiento de haberla empleado hace unos 40 años. Con esa palabra quería indicar de un plumazo, y poner bajo un mismo emblema, todo un conjunto de fenómenos. Por ejemplo, creo que se puede llamar refeudalización al hecho de que en 1633 el Senado veneciano prohibiera la emigración de campesinos de la república (aunque no llevaran consigo ni ganado ni herramienta); y de la misma manera, creo que se puede poner bajo el término de refeudalización el que hubiera lo que pomposamente se llama "retorno a la tierra" del patriciado veneciano. Antaño afirmé que tenía dudas (más que dudas) sobre las "inversiones" en dinero que los patricios hacían en sus propiedades y que, más bien, la verdadera inversión se basaba en una creciente explotación del campesino. Creo, además, que la disposición de 1633 y ese famoso "retorno a la tierra" hayan hecho un todo único que amerita ser definido como refeudalización.

Ésta es la razón por la cual creyeron poder decir que yo era "un inte-

lectual que se acercó al marxismo en los últimos años".[36] A decir verdad, jamás he formado parte de lo que se llama historiografía marxista, dentro de la cual es preciso reconocer que se encuentran algunos
de los mejores historiadores de la segunda mitad de nuestro siglo. He
leído a Marx; incluso lo he estudiado, pero no veo por qué esto me
haya tenido que hacer "marxista". También he leído y estudiado la
*Summa Theologiae* de Santo Tomás, que considero un libro que todo
aspirante a historiador debería leer por obligación, pero no por eso me
he vuelto tomista. ¿Sería posible todavía ser sencillamente uno mismo,
sin estar obligado a llevar una etiqueta?

La palabra "feudal" (y todo lo que se relaciona con ella) parece erizar
los pelos de algunos historiadores cuyo único argumento es calificar de
marxista a la persona que tiene la ocurrencia de hacer uso de esa palabra. Obsérvese que esta extraña alergia es reciente, pues de otro modo
no es comprensible que un historiador como E. Coornaert, que no era
marxista y que poseía un sólido conocimiento de la historia económica
del norte de Europa desde la Edad Media hasta el siglo XVIII, haya podido escribir las siguientes líneas:

las compañías establecidas legalmente aceptaron la soberanía feudal de sus
gobiernos; cumplieron con sus obligaciones como vasallos e, incluso en el
siglo XVIII, ellas mismas garantizaban los feudos de acuerdo con las formas
tradicionales. La ocupación de Canadá por los franceses estuvo en gran
parte organizada por un régimen señorial que a duras penas estaba al día.
Todavía es posible ver en siglo XVII que la *Compagnie de la Louisiane* organiza ducados, marquesados, condados y baronías sujetas a la confirmación
del rey. Los ingleses hicieron lo mismo en muchas de sus colonias americanas. Walter Raleigh creó feudos en Virginia y las dos Carolinas fueron
Estados feudales, pero son las compañías holandesas las que nos propor-
cionaron los ejemplos más típicos de esta tendencia.[37]

Obsérvese que la afirmación es de peso: ¡hablar de feudalidad cuando
se trata de compañías comerciales que, según algunos, serían el signo
indiscutible de la consolidación del capitalismo! Podría hacer una lista
más larga de los sabios que no tienen vínculos marxistas y que sin embargo reconocen que durante el siglo XVII (y aun en el XVIII) muchas

---

[36] G. Procacci, "Le cas de l'Italie. Commentaire", en P,M, Hoehenberg y F. Krantz (comps.),
*Transition du féodalisme...*, *op. cit.*, p. 25.
[37] E. Coornaert, "European Economic Institutions and the New World; the Chartered Companies",
en *The Cambridge Economic History of Europe*, vol. IV, Cambridge, 1967, pp. 227-228.

empresas que se suelen presentar como el semillero del capitalismo, en realidad no lo fueron. Si podían afirmar una cosa semejante (¡un verdadero sacrilegio!), es sencillamente porque no se detenían en los fabulosos beneficios o en las sumas invertidas, sino en las condiciones reales de producción, y porque sabían ver que las famosas inversiones eran simplemente colocar el dinero en algunas compañías: los venecianos lo hacían en las compañías holandesas, esperando recibir una renta, no un beneficio.

La crisis política general es, pues, verdadera; es una crisis que desemboca en una servidumbre manifiesta o en una refeudalización según las diferentes regiones europeas. Sólo en Inglaterra la revolución tuvo consecuencias prodigiosas. No entraré aquí en el complejo problema de las causas; prefiero remitir al lector al librito clásico de Lawrence Stone[38] cuya página final me parece digna de ser reproducida aquí en su totalidad.

Aunque la Revolución falló en forma ostensible; aunque la monarquía, los señores y la Iglesia anglicana fueron restaurados; aunque las reformas del sistema electoral, la ley, la administración, la Iglesia y el sistema educativo estuvieron completamente bloqueados durante casi 200 años; aunque la estructura social se convirtió en un gran reto más jerárquico e inmóvil después de la Revolución, algo sobrevivió sin embargo. Sobrevivieron las ideas sobre tolerancia religiosa, sobre las limitaciones respecto del poder del Ejecutivo central para interferir con la libertad personal de las clases propietarias y sobre una política basada en la anuencia de un amplio espectro de la sociedad. Estas ideas reaparecen en los escritos de John Locke y encuentran expresión en el sistema político en los reinados de Guillermo II y Ana. Sus características eran un electorado grande y vocal, organizaciones de partidos muy bien desarrollados y la transferencia de los poderes más amplios al Parlamento. Surgieron una Carta de Derechos, un Acta de Tolerancia y un Acta Anual sobre Insubordinación que restringieron de una manera efectiva los poderes respectivos del Ejecutivo. Esto, junto con algunos logros posteriores ganados por los jueces de la ley común, hicieron que las libertades políticas y personales de la clase propietaria inglesa fueran la envidia del siglo XVIII en Europa. Estos beneficios no se hacían extensivos a los pobres, quienes permanecían a merced de sus propios superiores sociales, pero instauración de ideas tales como la propiedad común de la nación política eran algo completamente nuevo. Esto fue lo que preparó el camino para que, tiempo después, se hicieran extensivos estos privilegios

---

[38] L. Stone, *The causes of the English revolution, 1529-1642*, Londres, 1972, p. 47.

a una escala social más baja, y algo que podría servir como modelo en otros tiempos y en otros lugares. Es este legado de ideas lo que hace razonable declarar que la crisis en Inglaterra en el siglo XVII es la primera "Gran Revolución" en la historia del mundo y, por tanto, un acontecimiento de importancia fundamental en la evolución de la civilización occidental.

No se dio nada parecido en ninguna otra parte. Discutir sobre las diferentes formas de absolutismo considerándolas como la expresión de no sé qué cambios en dirección de un Estado "moderno" significa no comprender la célebre frase de Luis XIV: "El Estado soy yo" quiere decir sencillamente que el Estado era débil y que, como todo Estado débil, era un buen receptáculo para la feudalidad, incluso la feudalidad de corte.

La crisis general aparece claramente en Europa. Se libran de ella dos países: el primero, los Países Bajos; pero en este caso su éxito es de carácter cuantitativo, pues la estructura profunda de su economía sigue siendo la misma, semejante a las de la ciudades de la Edad Media, es decir, comercio y banca y aunque ciertamente se dan innovaciones técnicas, el espíritu[39] sigue siendo el mismo. Las cantidades de mercancías tratadas son infinitamente mayores que las de cualquier ciudad de la Edad Media, pero el *animus* es el mismo del pasado; sin embargo, hay que ser justos. ¿Cómo pedirle a un país de apenas dos millones de habitantes que hiciera más de lo que hizo?

El otro país es Inglaterra. En este caso, aun cuando existen los cambios cuantitativos, éstos no son tan importantes como los de los Países Bajos; pero se manifiestan signos de *crecimiento*, amén de signos de un *desarrollo* basado en nuevos principios. Es en Inglaterra donde, durante el transcurso del siglo XVII, se empieza a incubar el verdadero capitalismo, sin adjetivos complementarios (por ejemplo, comercial) o prefijos (pre, proto).

En otras partes hay depresión o estancamiento cuantitativo y sobre todo no se percibe ninguna señal de cambio cualitativo, ni siquiera en los oasis que se dan aquí y allá, pues aunque afirmo que la crisis fue "general", reconozco que hubo espacios (y hombres) que escaparon a ella.

Sé muy bien que los banqueros genoveses siguen haciendo pingües negocios, lo cual les permitirá construir los admirables palacios de la Via Nuova que, iniciada a mediados del siglo XVI, se terminará en la segun-

---

[39] Esta palabra me valdrá el calificativo de "idealista", etiqueta que ya me colgó A. Molho, "Le cas de l'Italie. Commentaire", en P.M. Hoehenberg y P. Krantz (comp.), *Transition du féudalisme...*, *op. cit.*, p. 16.

da mitad del siglo XVII; pero el problema es el siguiente: ¿hacemos historia de la economía o historia de las riquezas?, pues son dos cosas diferentes. La riqueza de un grupo social limitado en número no significa en absoluto la prosperidad de una economía en su conjunto (hoy en día se dan casos de fabulosas riquezas acumuladas por ciertos grupos sociales en los países subdesarrollados).

Del mismo modo, sé perfectamente que hubo logros artesanales aquí y allá; en la Italia del norte, por ejemplo, pero el hecho de destacarlos no sirve para nada, al contrario, nos hace olvidar que esos mismos logros fueron a veces un freno a los futuros desarrollos (el retraso acumulado en el proceso de *verdadera* industrialización en la propia Lombardía me parece un ejemplo significativo).

Todas estas consideraciones nos llevan a un problema mayor: el capitalismo. A mi entender, la obra de Immanuel Wallerstein es una de las más importantes de la segunda mitad del siglo XX aunque con toda sinceridad confieso no compartir las tesis fundamentales. Veamos por qué. Wallerstein afirma:[40]

> Volvemos ahora a nuestra interpretación sobre la contracción que hubo entre 1600 y 1750. Analizar el periodo que abarca de 1450 a 1750 como una larga "transición" del feudalismo al capitalismo nos llevaría a materializar el concepto de transición, porque entonces constantemente reducimos los periodos de feudalismo "puro" y de captitalismo "puro" y tarde o temprano llegamos a cero; pero siempre que hacemos extensivo un atributo parcial a uno universal, lo que hacemos es simplemente desplazar el problema en forma terminológica. Todavía queremos saber *cuándo, cómo* y *por qué* ocurrieron las alteraciones más importantes en las estructuras sociales.

En esto estoy totalmente de acuerdo. La única duda es la siguiente: ¿en qué proporción deben intervenir las "alteraciones más importantes"?, ¿el 1% de capitalismo y el 99% de sistema feudal, qué es lo que forman?, ¿dónde se sitúa la línea divisora, a 50%, a 75%, a 90%? Se puede responder que el problema está en ver incluso los signos más imperceptibles en el sistema feudal en su conjunto como elementos de un futuro desarrollo. No estoy de acuerdo; pero acepto esta proposición con una condición, y es que estos signos constituyen verdaderamente una condición previa a un *desarrollo futuro continuo;* es decir, lo que me interesa no es tanto ver signos "positivos", si éstos

---

[40] I. Wallerstein, *The Modern World-System...*, *op. cit.*, vol. II, pp. 31-32.

abortan rápidamente, sino lo que sucede con la mayor parte de esos pretendidos signos precursores. Para mí, las verdaderas condiciones previas se dan en Inglaterra en el siglo xvii, seguidas por las "alteraciones más importantes" de ese mismo país en el siglo xviii. ¿Cuáles fueron esas condiciones previas?

*a)* Un cambio real en la estructura política (la revolución política).

*b)* Un cambio en las formas de producción agrícola (por ejemplo, a fines del siglo xvii, Inglaterra se convierte en exportadora de una importante cantidad de cereales, a pesar del aumento de la población).

*c)* Un cambio en la producción "industrial" (la protoindustrialización).

Por supuesto, esto es un resumen, pero creo que estos tres factores no se manifiestan en forma conjunta más que en Inglaterra.

Para terminar, se podría decir que el hecho indiscutible de que durante el siglo xvii Holanda haya sido la "tienda del mundo" no la condujo a nada o a casi nada. Por lo contrario, en esta misma época, Inglaterra, sin dejar de ser una buena "tienda", empieza a concebir las precondiciones para ser, como lo fue, "la fábrica del mundo". Lo que cuenta, pues, es el hecho de producción y no el hecho comercial, o para decirlo mejor, los hechos comerciales cuentan cuando son reflejo de hechos productivos y no cuando se limitan a ser meramente parasitarios. En este último caso, incluso nos podemos preguntar si no serán negativos para el desarrollo.

Todo esto por lo que se refiere a Europa. ¿Qué sucede mientras tanto en la América española? Empecemos por lo político.

Primera observación general: Europa está agitada por toda una serie de movimientos más o menos violentos y por la gran Revolución inglesa; en América, por lo contrario, no se da casi nada semejante; algunas luchas entre los diferentes grupos regionales españoles (sobre todo la coalición de casi todos contra los vascos) en Potosí[41] o en México;[42] algunas luchas sordas entre partidarios y adversarios de la política "reformadora" de algunos virreyes como por ejemplo en México en 1624, 1642-1649, 1660-1665;[43] o algunos levantamientos sumamente "coyunturales" como por ejemplo el "motín del pan" en México en 1692;[44] pero en general el siglo transcurre en calma tanto más cuanto que la población indígena prácticamente no se mueve. Por supuesto, se encuentran, en forma dispersa, algunos esbozos de conspiración,

[41] A. Crespo, *La guerra entre vicuñas y vascongados,* La Paz, 1975.
[42] Cf. J.I. Israel, *op. cit.*, pp. 116 y ss.
[43] *Ibid.*, pp. 139 y ss., 220 y ss., y 250 y ss.
[44] *Ibid.*, pp. 134 y ss.

algunas aspiraciones genéricas a la revuelta, pero no pasan de ser intenciones. Es más, los textos son bastante claros: durante el siglo XVII, lo que más se denuncia es la "malicia" de los indios. Es preciso llegar al siglo XVIII para que se hable de "violencia".

Lo cierto es que durante el siglo XVII, la población parece buscar (en el campo de la acción) soluciones estrictamente individuales.[45] El siglo XVII fue un siglo de paz, y esta tónica subsiste a pesar de que se dieron las pocas sacudidas que acabo de indicar. Más bien, hay que señalar la existencia de otras tensiones. Pienso en dos grandes movimientos antijudíos que se manifestaron sobre todo en México (1642-1649),[46] en Lima (1635-1639)[47] y con menos intensidad, en el resto de América.[48]

No cabe duda de que aquí entra el componente religioso: la "pureza" del medio exige que los criptojudíos sean eliminados; pero da la casualidad de que estos criptojudíos son casi siempre extranjeros (esencialmente portugueses, aunque también los hay flamencos e italianos), comerciantes y en su gran mayoría ricos.

En Lima, los judíos portugueses "habíanse echo señores del comercio [...] eran señores de la tierra gastando y triunfando".[49] El gran auto de fe de 1639 en Lima y el de México en 1649 ("el más grandioso y costoso que haya tenido lugar fuera de la península ibérica")[50] acabarán por solucionar el problema. Sin embargo, durante el siglo XVII, se darán "judaizantes" que serán perseguidos, torturados y quemados, pero a partir del medio siglo, la fe está a salvo y el monopolio de los criollos también.[51]

---

[45] Si existe un movimiento social, éste se da más bien entre los mestizos; pero no conocemos bien este mundo de los mestizos que está surgiendo. Sin embargo, cf. A. Ascota, "Conflictos sociales y políticos en el sur peruano (Puno, La Paz, Laicacota)", *Primeras Jornadas de Andalucía y América*, La Rábida, 1981.

[46] J.I. Israel, *op. cit.*, pp. 130 y ss. Cf. también S. Alberro, *Inquisition et société au Mexique*, México, 1988, pp. 269 y ss.

[47] Cf. J.T. Medina, *Historia del Tribunal de la Inquisición de Lima*, vol. II, Santiago de Chile, 1956, pp. 45-146 y cf. también G. de Reparaz, *Os portugueses no Vice-Reinado do Peru*, Lisboa, 1976, pp. 29 y ss. Véase también T. Saignes y T. Bouysse-Chassagne, "Dos identidades confundidas: criollos y mestizos en Charcas (siglo XVII)", en *Mestizaje y religión en los Andes* (compilado por L. Millones y H. Tomoeda), Osaka, 1991.

[48] Como punto de partida tendremos que remitirnos al conjunto de la obra de J. Toribio Medina: además de la obra indicada en la nota 47, véanse también los volúmenes dedicados a México (Santiago de Chile, 1905), a Chile (Santiago de Chile, 2 volúmenes, 1890) y los referentes a las provincias del Río de la Plata (Santiago de Chile, 1899).

[49] J. Toribio Medina, *Historia del Tribunal de la Inquisición de Lima*, op. cit., p. 46.

[50] J.I. Israel, *op. cit.*, p. 135.

[51] Mi insistencia sobre los movimientos antijudíos como expresión de tensión social no debe asombrar a nadie: siempre, en todas partes y en todos los niveles, las tensiones sociales han encontrado una "solución" en el antisemitismo. A este respecto, cf. la gran obra de Léon Poliakov, *Histoire de l'antisémitisme*, 2 vols., París, 1955-1961, en particular, cf. el vol. II (De Mahomet aux Marranes), pp. 278 y ss.

En resumen, en el ámbito americano nos encontramos ante una consolidación del sistema y no ante un cuestionamiento del mismo. Todo el mundo, blanco o indio, parece tratar de encontrar su lugar en su interior; unos ocupan cargos administrativos; otros (los indios) encuentran, dentro de esa tranquilidad general, la posibilidad de "desaparecer" administrativamente, lo cual era una manera como cualquier otra, aunque relativa, de encontrar la libertad. La preponderancia del criollo en el continente se va afianzando en diferentes formas por toda América. Por supuesto, esto no cambia demasiado el carácter profundo de la dominación, pero lo que quiero decir es que en el transcurso del siglo XVII, esta dominación no se cuestiona. En el siglo XVIII, las revueltas fiscales de los blancos y la gran rebelión de Tupac Amaru y de Tupac Katari nos muestran con claridad que la transición de la época de la impotencia del Estado central (y por tanto la "libertad" local) a la época de la autoridad fue insoportable.

En el aspecto económico, la situación en América en términos cuantitativos es muy positiva y así he tratado de demostrarlo; pero quizá ha llegado el momento de comparar en un pequeño cuadro sinóptico, que complementa el presentado más arriba, las situaciones de Europa y de la América española:

| Aspectos económicos | Europa | América española |
|---|:---:|:---:|
| Población | – | + |
| Población agrícola | – | + |
| Ocupación del suelo | – | + |
| Precios agrícolas | – | + |
| Precios industriales | – ó = | + |
| Salarios | + | – |
| Circulación de la moneda[52] | – ó = | + |
| Producción industrial | – ó = | + |
| Producción minera[53] | – ó = | + |
| Comercio interno | – ó = | + |
| Comercio intercontinental | + | + |

[52] Evidentemente hago alusión a la masa de moneda en Europa sin tomar en consideración las monedas (y en general los metales preciosos) exportadas sobre todo en dirección del Extremo Oriente.

[53] Quizá, en lo que se refiere a Europa, podríamos poner un signo (+), tomando en cuenta el aumento de la extracción de carbón y de hierro en Inglaterra, pero en la indicación que hago (– ó =) en el cuadro, me refiero únicamente a metales "nobles" (hasta el cobre).

En resumen, en todos los sectores, salvo en el último, estamos ante una coyuntura inversa entre las dos masas continentales. En mi opinión, tan sólo el hecho de aclarar este problema justifica estas páginas que presento al lector; aunque éste rechace mis conclusiones, se sentirá obligado a reflexionar sobre un problema importante del cual hablaré más adelante. Pero antes de hacerlo es preciso señalar que el cuadro que presento no estaría completo si no se indica que a ese conjunto de signos hay que añadir todavía dos: el volumen y la tasa de exacción (feudal y del Estado). El volumen en sí no significa gran cosa; lo que cuenta es la presión ejercida sobre los individuos para efectuar esa exacción. Pues bien, en Europa, durante el siglo XVII, esta presión aumentó y a esto es a lo que yo llamo refeudalización. A este respecto, es necesario precisar que desde ese momento se trata de un "feudalismo centralizado".[54]

¿Qué sucede en América mientras tanto? Salvo uno, *todos* los signos son inversos en comparación con los que se indican para Europa. Por otra parte, ¿qué sucede con la exacción? Cierto es que el volumen aumenta, pero la tasa unitaria de exacción disminuye (el control sobre los indios se hace más difícil). Aquí, en el contexto americano, no hay feudalismo centralizado, lo que no significa la liquidación total del sistema feudal no centralizado, mismo que, con diferentes intensidades, siempre fue característico de la vida colonial americana.

Nos queda el problema al que aludía arriba. En el cuadro, el comercio intercontinental indica un signo de aumento tanto para Europa como para América , ¿por qué y qué significa esto?

El porqué está ligado a la expansión holandesa e inglesa (y más tarde francesa) en el mundo (en Oriente, en Extremo Oriente y también en América como se indicó en el capítulo IV). Esta presión expansionista se traduce en un aumento de las transacciones comerciales. Europa (pero una Europa limitada geográficamente puesto que incluso España, que aunque detentaba un monopolio, pierde terreno) aumenta su comercio transoceánico y América entra dentro de este crecimiento. Ahora llegamos al problema de la significación. Podríamos creer que es la inserción de América en la economía-mundo.

Aquí reitero mi sincera admiración por la obra de Immanuel Wallerstein, pero también confirmo mis dudas. Yo también trabajé durante mucho tiempo sobre precios y monedas, sobre el comercio y la banca y no desdigo una sola palabra de mis antiguas investiga-

[54] G. Bois, *Crise du Féodalisme, op. cit.*, París, 1976, p. 374.

ciones; pero debo decir que en determinado momento comprendí que el punto principal de la vida económica era el factor producción y no (por decirlo con una sola palabra) la distribución. Lo que cuenta es la producción en su conjunto y no la parte comercializada. Pues bien, esta última, en las economías preindustriales, no representa gran cosa. También comprendí que si se quería entender algo de la vida económica de un continente como el americano, era preciso verlo desde el *interior* y no examinándolo desde el observatorio europeo.

Por esta razón, no creo en la "economía-mundo", pues tal como ha sido teorizada por I. Wallerstein, F. Braudel y otros, se basa demasiado en el comercio exterior, en la banca y en los problemas monetarios para poder dar una idea real de lo que es la evolución interna de *conjunto* de la "economía-mundo" y en mi opinión, detrás de esta "economía-mundo" persiste a un nivel infinitamente más elevado, la antigua historia colonial. Dejemos de lado el hecho de que con un poco de buena voluntad también podemos hablar de "economía-mundo" del Imperio romano: el hermoso libro de Innes Miller[55] nos muestra cuáles son las conexiones que existen en el comercio lejano desde la Antigüedad. Hagamos también de lado el que Fritz Rörig nos diga que ya en la Edad Media existía una "economía-mundo",[56] Lo que cuenta es saber, por ejemplo, lo que representa la presencia de barcos europeos en los mundos nuevos (como América o también Asia, que podemos considerar nueva en la medida en que a partir del siglo XVI se puede llegar a ella por mar) para el conjunto de la economía de estos continentes. No me atrevo a responder en lo referente a Asia, pero en cuanto a América, seré categórico: para casi nada. La repercusión sobre las estructuras profundas americanas de los barcos españoles, franceses, ingleses y holandeses (esos barcos que mencioné en el capítulo IV) es casi nula. Son tan sólo un buen termómetro para medir la capacidad de ciertos grupos sociales (no se les puede llamar "clases" ni en el sentido marxista ni en ningún otro) de absorber productos europeos. ¿Y el resto? Creer, por ejemplo, que la llegada de telas europeas contribuyó a la desindustrialización de la América española desde el siglo XVII es aplicar a este siglo modelos válidos para el XIX (y no totalmente).

Retomando lo que dije más arriba, quisiera subrayar una vez más que la expresión "fábrica del mundo" aplicada a la Inglaterra del siglo

---

[55] J. Innes Miller, *The Spice Trade of the Roman Empire 29 B.C. to A.D. 641*, Oxford, 1969.
[56] F. Rörig, "Mittelalterliche Weltwirtschaft", en *Kieler Vortragë*, 1933, p. 22.

xix es relativamente aceptable; la otra expresión, "tienda del mundo", aplicada a la Holanda del siglo xvii es ciertamente exagerada.

Una vez separada la integración de la América española de esta pretendida "economía-mundo" capitalista, nos queda el hecho principal de la coyuntura inversa entre América y Europa en su conjunto (con excepción de Inglaterra y Holanda).

# ÍNDICE

Este libro se terminó de imprimir y encuadernar en el mes de diciembre de 1993 en los talleres de Impresora y Encuadernadora Progreso, S. A. (IEPSA), calzada San Lorenzo 244, 09800 México, D. F. En su composición se emplearon tipos Garamond de 12:14, 11:13, 10:12, 9:10 y 8:9 puntos de pica. Se tiraron 3 000 ejemplares.

Tipografía y formación: *Susana Guzmán,* del *Taller de Composición del Fondo de Cultura Económica.* Cuidado de la edición: *Angelines Torre.*

Esta obra se publica en coedición por EL COLEGIO DE MÉXICO, el FIDEICOMISO HISTORIA DE LAS AMÉRICAS y el FONDO DE CULTURA ECONÓMICA.